GUÍA DE SUPERVIVENCIA FINANCIERA PARA JÓVENES RECIÉN GRADUADOS

Dedicado a todos los jóvenes que quieren ser mejores cada día, buscando el conocimiento para poder cambiar sus historias, porque así transformarán el mundo.

PRÓLOGO

Bienvenidos a mi libro de educación financiera. Este libro fue escrito para ayudar a los jóvenes a comprender el mundo financiero y cómo pueden tomar decisiones inteligentes y responsables para alcanzar sus metas financieras. Creo firmemente que la educación financiera es una habilidad crítica que todos deberían poseer, y este libro es un paso hacia ese objetivo.

A lo largo de este libro, encontrará consejos y estrategias para ayudarlo a administrar su dinero de manera efectiva, evitar deudas innecesarias, invertir sabiamente y, en última instancia, construir un futuro financiero seguro. Mi objetivo no es solo brindarle las herramientas que necesita para tomar decisiones financieras acertadas, sino también inspirarlo a tomar el control de su vida financiera.

Mientras escribía este libro, pensé en mis propias experiencias financieras y los desafíos que enfrenté en el camino. Espero que mis errores y aciertos financieros puedan serles de utilidad. No se preocupe si no sabe mucho sobre finanzas en este momento. Aprender sobre finanzas es un proceso continuo y todos nosotros siempre estamos aprendiendo.

Así que prepárese para un emocionante viaje de descubrimiento financiero y disfrute el proceso. Recuerde, el conocimiento es poder, y estoy emocionado de compartir mis conocimientos financieros con usted. ¡Vamos a empezar!

PREFACIO

Querido lector,

Este libro fue escrito para brindar información esencial y orientación sobre educación financiera, especialmente para aquellos que están comenzando su viaje financiero. Sabemos que lidiar con las finanzas puede ser un desafío, especialmente para los adultos jóvenes que recién comienzan a establecerse en sus carreras.

En este libro, encontrará consejos prácticos para controlar sus gastos, administrar sus deudas, invertir en usted mismo y en su futuro y alcanzar sus metas financieras. A lo largo de las páginas, se familiarizará con conceptos financieros básicos, aprenderá a lidiar con la presión social para gastar, evitar deudas innecesarias, entre otros temas.

Nuestro objetivo es ayudarlo a desarrollar una mentalidad financiera saludable, con un enfoque en la creación de riqueza a largo plazo. Esperamos que este libro le ayude a dar el primer paso hacia un futuro financiero estable y próspero.

¡Buena lectura!

Atentamente, José Ruberto

resumen

PRÓLOGO 3

PREFACIO 5

Una breve historia: 14

   I 14

   El viaje de juan 14

   II 15

   La llamada 15

   tercero 16

   El reto de Juan 16

   IV 18

   La transformación de Juan 18

   V 19

   Reflexión 19

   SIERRA 20

   El gran proyecto 20

Capítulo 1: Una mentalidad próspera para jóvenes graduados 22

   Fíjese objetivos financieros claros y realistas 22

   Comprender la diferencia entre necesidades y deseos. 24

   Cree que es posible alcanzar la prosperidad financiera. 25

   Mantener una actitud positiva hacia el dinero y la prosperidad. 27

   Desarrolla una mentalidad de abundancia en lugar de escasez. 28

Aprende a manejar el dinero de forma sana y responsable. 30

Sea disciplinado y consistente en su enfoque financiero. 31

Acepte la responsabilidad de sus decisiones financieras. 33

Desarrolle un presupuesto personal y apéguese a él. 35

Aprende a ahorrar e invertir tu dinero sabiamente...36

Esté dispuesto a asumir riesgos financieros calculados. 38

Esté siempre dispuesto a aprender de sus errores financieros. 40

Aprenda a lidiar con el fracaso financiero y utilícelo como una oportunidad de aprendizaje. 41

Esté dispuesto a hacer sacrificios financieros para alcanzar sus metas. 42

Busque oportunidades de aprendizaje financiero en libros, cursos y mentores. 44

Crea en su potencial financiero y en su capacidad para aumentar sus ingresos. 46

Esté abierto a nuevas oportunidades financieras y fuentes de ingresos. 47

Desarrolla habilidades de negociación y comunicación para mejorar tus finanzas. 49

Sepa cuándo pedir ayuda financiera ya quién acudir. 50

Evite deudas innecesarias y altas tasas de interés..52

Sea agradecido por lo que tiene y lo que ya ha logrado financieramente. 53

Aprenda a lidiar con la presión social para gastar dinero en cosas caras. 54

Invierte en ti mismo, en tu educación y en tus habilidades. 56

Sea paciente y constante en sus esfuerzos financieros. 57

Sea responsable y ético en sus transacciones financieras. 58

No te compares financieramente con otros; cada persona tiene un viaje único. 59

Tome decisiones financieras conscientes alineadas con sus valores personales. 61

Manténgase actualizado sobre las tendencias financieras y de inversión. 62

Capítulo 2: Finanzas personales para jóvenes graduados 65

Cómo empezar a ahorrar dinero inmediatamente después de la graduación. 65

Cómo crear un plan de inversión adaptado a sus necesidades y objetivos financieros. 67

Cómo planificar su carrera para maximizar sus ingresos a largo plazo. 69

Cómo administrar su deuda estudiantil después de la graduación. 70

Consejos para encontrar un trabajo que ofrezca beneficios económicos, como un plan de pensiones privado. 72

Consejos para negociar salarios y beneficios durante las entrevistas de trabajo. 74

Cómo encontrar formas de ganar dinero extra en tu tiempo libre. 76

Cómo iniciar un negocio y ser un emprendedor. 78

Cómo crear un plan de jubilación para el futuro. 80

Los primeros pasos para ser financieramente independiente. 82

Cómo establecer metas financieras realistas y alcanzables. 84

Consejos para administrar sus gastos y controlar su presupuesto. 85

Cómo encontrar las mejores ofertas en servicios financieros como automóviles y seguros de salud. .. 87

Cómo ahorrar dinero al comprar comestibles y otras necesidades. 88

La importancia de mantener registros financieros precisos y actualizados. 90

Cómo crear un fondo de emergencia para prepararse para imprevistos financieros. 92

La importancia de comprender su puntaje de crédito y cómo mejorarlo. 93

Los riesgos de involucrarse en deudas de tarjetas de crédito y cómo evitarlos. 95

Los riesgos de los préstamos personales y cómo evitarlos. 97

Cómo lidiar con la presión social para gastar dinero en cosas caras. 98

Consejos para ahorrar dinero en entretenimiento como películas y conciertos. 100

Consejos para ahorrar dinero en servicios de suscripción como Netflix y Spotify 102

Consejos para ahorrar dinero en viajes y alojamiento. 105

Cómo elegir la mejor tarjeta de crédito para tus necesidades. 107

Cómo evitar el fraude financiero y proteger su información personal. 109

Los beneficios y desafíos de vivir solo después de la graduación. 111

Los pros y los contras de vivir en casa con tus padres después de la graduación. 113

Cómo equilibrar sus prioridades financieras a corto y largo plazo. 114

Las ventajas de empezar a invertir pronto y cómo empezar a invertir. 116

Capítulo 3: Sobre el enriquecimiento. 120

Importancia de la planificación financiera para generar riqueza 120

La importancia de la educación financiera en la búsqueda de la riqueza. 121

Los hábitos de los millonarios: ¿Qué hacen diferente para enriquecerse? 123

El papel de la planificación financiera en la búsqueda de la riqueza. 125

Cómo superar la procrastinación y actuar para hacerse rico. 126

¿Cómo ahorrar dinero para alcanzar tus metas financieras? 128

Las ventajas y desventajas de emprender para enriquecerse. 130

Consejos para reducir gastos y ahorrar dinero. 132

Los errores comunes que impiden que la gente se haga rica. 134

Cómo crear una mentalidad de abundancia para lograr la riqueza. 135

Cómo construir una cartera de inversión diversificada. 138

Las diferencias entre la renta pasiva y la renta activa. 139

Inversiones: por dónde empezar y qué opciones hay disponibles. 141

Los beneficios y riesgos de invertir en acciones en la bolsa de valores. 143

Cómo invertir en bienes raíces y ganar dinero con el alquiler. 145

Las ventajas y desventajas de invertir en fondos inmobiliarios. 146

Cómo lidiar con la deuda y salir de la deuda. 148

Cómo negociar salarios y beneficios para aumentar los ingresos. 150

Cómo utilizar Internet para crear fuentes de ingresos en línea. 151

Cómo invertir en criptomonedas y otras nuevas tecnologías financieras. 153

Cómo crear una fuente pasiva de ingresos a través de regalías y licencias. 155

Consejos para construir un patrimonio neto sólido con el tiempo. 156

Cómo elegir las mejores opciones de crédito para sus necesidades. 158

Cómo lidiar con la presión social para gastar dinero y mantener un estilo de vida financieramente saludable. 160

Cómo reducir los gastos en alimentos sin comprometer la calidad de los alimentos. 162

Los mitos sobre el dinero que necesitas desmitificar para hacerte rico. 164

Cómo armar un plan de jubilación que garantice una vida financiera estable en el futuro. 166

Secretos de inversores exitosos para multiplicar el patrimonio. 168

Las mejores aplicaciones de finanzas personales para ayudarte a administrar tu dinero. 170

Cómo usar la Ley de Atracción para manifestar abundancia financiera en tu vida. 172

Capítulo 4: ¿Qué es? 175

¿Qué es una Bolsa de Valores? 175

¿Qué son las Acciones? 176

¿Qué son las materias primas? 178

¿Qué son los dividendos? 180

¿Qué es una posición de capital? 182

¿Qué es una cartera de acciones de pensiones? ...183

¿Qué es el comercio diario? 185

¿Qué es un corredor de bolsa? 187

¿Qué es la Comisión de Bolsa y Valores? 188

¿Qué son los Fondos de Inversión? 189

¿Qué es el análisis fundamental de una acción? 191

que es valor ¿ Invirtiendo ? 193

¿Cómo iniciar una cartera de acciones? 194

¿Gastar o reinvertir dividendos? 196

Conclusión 198

Glosario...200

Una breve historia:

"Un hombre sabio ahorra y siempre tiene suficiente comida y dinero en su casa, pero un tonto gasta todo su dinero tan pronto como lo obtiene"

I
El viaje de juan

John es un hombre ordinario con una vida ordinaria. Trabaja en una empresa de tecnología y gana un salario decente, pero no está contento con su situación financiera. Vive en un departamento modesto y ahorra cada centavo que puede para pagar sus cuentas y gastos diarios.

João sueña con tener una vida mejor, con más dinero, comodidad y seguridad económica. Quiere tener la libertad de viajar, comprar lo que quiera y no preocuparse por el futuro. Sin embargo, no sabe cómo hacerlo y se siente atrapado en su vida actual.

Se levanta temprano, toma café y se dirige al trabajo, donde pasa todo el día sentado frente a una computadora. Cuando vuelve a casa, come, ve un poco la tele y se acuesta temprano, para despertarse al día siguiente y volver a repetir todo.

En el fondo, João sabe que su vida no es la que soñó. Quiere más pero no sabe por dónde empezar. Se siente atrapado en su rutina diaria e incapaz de cambiar su situación financiera. Sin embargo, sabe que no puede seguir viviendo de esta manera y está listo para dar el siguiente paso en su viaje hacia la libertad financiera.

II
La llamada

João comienza a darse cuenta de que su sueño de tener una vida económicamente libre no es solo una fantasía lejana, sino algo posible. Comienza a investigar sobre finanzas personales e inversiones y se da cuenta de que es posible cambiar su vida financiera si está dispuesto a trabajar por ello.

João empieza a pensar en inversiones y empieza a leer libros sobre el tema. Comienza a aprender sobre acciones, fondos inmobiliarios, tesorería directa y otras formas de inversión. Comienza a darse cuenta de que necesita aprender más sobre finanzas e inversiones antes de comenzar a invertir.

Con el tiempo, João comienza a sentirse más seguro de sus habilidades y comienza a trazar un plan para alcanzar la libertad financiera. Comienza a ahorrar dinero de manera más consciente, recortando gastos innecesarios y ahorrando una parte de su salario mensual para invertir.

John está decidido a lograr su libertad financiera y está dispuesto a trabajar duro para lograrlo. Sabe que el camino no será fácil, pero está dispuesto a enfrentar los desafíos que se presenten en su camino.

Te das cuenta de que John está en el camino correcto para lograr su libertad financiera. Está decidido a cambiar su vida y está trabajando duro para lograr sus objetivos. El lector tiene curiosidad por saber qué sigue en el viaje del protagonista.

tercero
El reto de Juan

João comienza a invertir su dinero en acciones y otros activos financieros, pero pronto se da cuenta de que invertir no es tan fácil como parece. Comienza a enfrentar el desafío del mercado financiero y se da cuenta de que sus inversiones pueden subir o bajar.

Cierto día, John se da cuenta de que sus inversiones han sufrido una gran caída debido a una crisis económica mundial. Comienza a entrar en pánico y considera vender sus acciones, pero recuerda su determinación de lograr la libertad financiera y decide que no se rendirá tan fácilmente.

João se da cuenta de que enfrentar los desafíos es parte del camino hacia la libertad financiera y comienza a aprender aún más sobre el mercado financiero. Comienza a seguir las noticias y leer reseñas de expertos en inversiones. Aprende a tomar decisiones más conscientes ya mantener la calma en tiempos de crisis.

Con el tiempo, João aprende a lidiar con los altibajos del mercado financiero y comienza a tener más éxito en sus inversiones. Comienza a acumular más dinero y se siente más seguro sobre el futuro.

Sin embargo, John también comienza a darse cuenta de que hay otras personas que no quieren verlo triunfar. Comienza a enfrentar el desafío del antagonista, personas que quieren verlo fracasar en sus inversiones y no lograr su libertad financiera.

João se da cuenta de que necesita ser fuerte y decidido para enfrentar estos desafíos y continuar su viaje hacia la libertad financiera.

Date cuenta de que João enfrenta los desafíos que se le presentan con determinación y perseverancia. Está decidido a no darse por vencido en su viaje hacia la libertad financiera, independientemente de los obstáculos que se presenten en su camino.

IV
La transformación de Juan

João comienza a tener cada vez más éxito en sus inversiones y empieza a acumular una importante cantidad de dinero. Sin embargo, se da cuenta de que la libertad financiera no se trata solo de tener dinero, se trata de tener control sobre su vida y sus metas.

João comienza a transformarse y cambiar su forma de pensar sobre el dinero. Empieza a entender que la libertad financiera no es solo cuestión de acumular riqueza, sino de tener la libertad de tomar las decisiones que quiere en su vida.

John comienza a ser más consciente de sus gastos y comienza a invertir en cosas que realmente le importan. Empieza a pensar en formas de ayudar a otras personas y a utilizar su dinero de forma más consciente.

Con el tiempo, João se da cuenta de que su transformación no se trata solo de lograr la libertad financiera, sino de encontrar un propósito en su vida. Comienza a pensar en formas de usar su riqueza para marcar una diferencia en la vida de otras personas.

Querido lector, date cuenta de que João está en un camino de transformación personal. Está descubriendo que la libertad financiera no se trata solo de dinero, se trata de tener la libertad de tomar decisiones conscientes en su vida.

V
Reflexión

João comienza a reflexionar sobre su camino hacia la libertad financiera y sobre su transformación personal. Se da cuenta de que lograr su libertad financiera fue un viaje largo y difícil, pero que valió la pena.

También se da cuenta de que su transformación personal fue una de las cosas más importantes que sucedieron en su vida. Se ha vuelto una persona más consciente y feliz, y siente que ahora tiene un propósito en su vida.

João comienza a pensar en formas de ayudar a otras personas a lograr su libertad financiera y transformarse personalmente. Comienza a pensar en crear un proyecto que pueda ayudar a otras personas a alcanzar sus metas financieras y encontrar un propósito en sus vidas.

Comprenda que John logró la libertad financiera y se transformó a sí mismo, pero que ahora está pensando en formas de ayudar a otros a hacer lo mismo.

SIERRA
El gran proyecto

João comienza a trabajar en su proyecto para ayudar a otras personas a lograr la libertad financiera y personal. Reúne a un equipo de personas con experiencia en finanzas personales y crea un programa que enseña a las personas cómo administrar su dinero de manera más efectiva y encontrar un propósito en sus vidas.

El programa de João se vuelve muy popular y comienza a ayudar a muchas personas en su viaje hacia la libertad financiera y personal. Las personas que participan en el programa de João aprenden a administrar mejor su dinero y se vuelven más conscientes de sus metas personales.

Con el éxito de su proyecto, João comienza a recibir muchas invitaciones para hablar en eventos sobre finanzas personales y sobre su viaje en busca de la libertad financiera y personal. Se convierte en una referencia en su área y comienza a ayudar a más personas en su viaje.

Notaste que John logró la libertad financiera y se transformó, y que ahora está ayudando a otros a hacer lo mismo.

Creo que ya te habrás dado cuenta de que esta historia trata sobre mí y muchas otras personas que están logrando sus objetivos mientras ayudan a otros a hacer lo mismo. Creo que ser rico financieramente es fácil, es matemático, es una ciencia exacta, pero volverse mentalmente rico, derramarse en la vida de otras personas, difundir el conocimiento a tus compañeros ayudándolos a conquistar la vida que se merecen, es algo que elegimos hacer como una misión de vida.

Espero que la historia anterior te ayude, que puedas reconocer un poco de nuestro héroe João en ti, que busques el conocimiento, la honestidad y el altruismo en tu vida, que seas un faro de esperanza en la vida de las personas que te rodean.

Capítulo 1: Una mentalidad próspera para jóvenes graduados

Fíjese objetivos financieros claros y realistas.

Establecer objetivos financieros claros y realistas es una de las claves para lograr la estabilidad financiera y la prosperidad a largo plazo. Las metas financieras lo ayudan a concentrarse en metas específicas y planificar cómo lograrlas, además de permitirle monitorear el progreso y celebrar sus logros.

El primer paso es establecer objetivos específicos. Por ejemplo, puede establecer una meta para ahorrar una cierta cantidad de dinero en un período determinado, pagar todas las deudas en un período estipulado o aumentar sus ingresos en un porcentaje determinado. Es importante que los objetivos sean claros y cuantificables, ya que esto ayuda a monitorear el progreso y hacer ajustes si es necesario.

Los objetivos también deben ser realistas y alcanzables. No se recomienda fijar metas muy por encima de lo que es posible alcanzar, ya que esto puede generar frustración y desánimo. Es importante establecer metas desafiantes que se puedan lograr con los recursos y habilidades actuales.

Otro aspecto importante es el plazo para la consecución de los objetivos. Se recomienda establecer plazos realistas, pero no demasiado largos, ya que esto puede conducir a la dilación y la pérdida de concentración. Por otro lado, los plazos que son demasiado cortos pueden ser poco realistas y terminar causando frustración. Es importante lograr un equilibrio entre el plazo y la viabilidad de la meta.

Para alcanzar sus metas financieras, necesita un plan de acción. Es importante definir los pasos específicos que se deben tomar para alcanzar la meta, como aumentar los ingresos, reducir los gastos, invertir en un área determinada, entre otros. Tener un plan detallado lo ayuda a mantenerse enfocado y trabajar de manera eficiente hacia su objetivo.

Finalmente, es importante monitorear el progreso y celebrar los logros. El seguimiento del progreso lo ayuda a identificar las áreas que necesitan ajustes y realizar cambios cuando sea necesario. Las celebraciones, aunque sean pequeñas, ayudan a mantener la motivación y el entusiasmo para alcanzar otras metas.

Establecer objetivos financieros claros y realistas puede parecer un desafío al principio, pero es un paso importante para lograr la prosperidad financiera a largo plazo. Con objetivos claros y un plan de acción detallado, es posible trabajar de manera eficiente y lograr logros significativos.

Comprender la diferencia entre necesidades y deseos.

Comprender la diferencia entre necesidades y deseos es un paso importante para tener una vida financiera más sana. Las necesidades son cosas esenciales para la supervivencia, como alimentos, agua, vivienda y atención médica. Por otro lado, los deseos son cosas que queremos pero que no son necesarias para nuestra supervivencia.

A menudo confundimos deseos con necesidades, lo que puede llevarnos a gastar más dinero del necesario y dejarnos en situaciones financieras difíciles. Por ejemplo, comprar un celular nuevo cuando ya tenemos uno que funciona perfectamente es un deseo, no una necesidad. Salir a un restaurante caro cuando podemos cocinar en casa es otro ejemplo de antojo que puede afectar negativamente nuestras finanzas.

Comprender la diferencia entre necesidades y deseos puede ayudarnos a establecer prioridades y tomar decisiones más conscientes sobre cómo gastar nuestro dinero. Cuando sabemos cuáles son nuestras necesidades, podemos planificar nuestros gastos en consecuencia y asegurarnos de que se cumplan antes de gastar dinero en nuestros deseos.

Una forma de identificar la diferencia entre necesidades y deseos es hacer una lista de gastos mensuales y analizar cada uno. Es importante preguntarse si cada gasto es realmente necesario o si es un deseo que se puede posponer o eliminar por completo. Cuando identificamos nuestros deseos y los separamos de nuestras necesidades, podemos tener un mayor control sobre nuestras finanzas y evitar deudas innecesarias.

Comprender la diferencia entre necesidades y deseos es clave para una vida financiera saludable. Al priorizar nuestras necesidades y limitar nuestros gastos en deseos, podemos ahorrar dinero, reducir el estrés financiero y alcanzar nuestras metas financieras más fácilmente.

Cree que es posible alcanzar la prosperidad financiera.

Creer que es posible alcanzar la prosperidad financiera es fundamental para que pongamos en práctica nuestros planes y metas financieras. Cuando creemos que es posible lograr la estabilidad e independencia financiera, nuestras acciones y decisiones se moldean para lograr este objetivo.

Creer que es posible lograr la prosperidad financiera es un paso crucial para lograrlo. Mucha gente tiene una mentalidad limitante cuando se trata de dinero y finanzas, creyendo que la riqueza está reservada solo para unos pocos afortunados o que nunca tendrán suficiente dinero para alcanzar sus metas financieras.

Sin embargo, la realidad es que cualquiera puede lograr la prosperidad financiera si tiene la mentalidad correcta y adopta hábitos financieros saludables. Creer que es posible es el primer paso para cambiar la forma en que piensas sobre el dinero y comenzar a tomar medidas para alcanzar tus metas financieras.

Es importante recordar que la prosperidad financiera no significa necesariamente ser rico. Significa tener las finanzas bajo control, vivir dentro de sus posibilidades, ahorrar dinero para el futuro y tener la libertad financiera para hacer las cosas que ama.

Para comenzar a creer que es posible lograr la prosperidad financiera, comience con pequeños pasos. Cree un presupuesto e intente ahorrar una pequeña cantidad de dinero cada mes. Realice un seguimiento de sus gastos y encuentre formas de reducir sus costos.

Al hacer estos pequeños cambios, comenzará a ver que es posible alcanzar sus metas financieras. A medida que gane más confianza, podría comenzar a pensar en metas financieras más importantes, como pagar todas sus deudas, comprar una casa o invertir en su jubilación.

Recuerde que la mentalidad importa cuando se trata de dinero y finanzas. Si cree que es posible lograr la prosperidad financiera, estará más motivado para tomar medidas para alcanzar sus metas financieras. Y recuerda que si bien es importante trabajar duro y tener disciplina financiera, también es importante disfrutar de la vida y divertirte en el camino.

Mantener una actitud positiva hacia el dinero y la prosperidad.

Mantener una actitud positiva hacia el dinero y la prosperidad es una de las claves para lograr el éxito financiero. Cuando se trata de dinero, muchas personas tienden a tener una mentalidad negativa, creyendo que es difícil ganar dinero y que hay que tener mucha suerte para poder acumular riqueza. Sin embargo, es importante cambiar esta mentalidad y creer que es posible lograr la prosperidad financiera a través del trabajo duro, la disciplina y la dedicación.

Una de las mejores maneras de mantener una actitud positiva hacia el dinero es cambiar la forma en que piensas sobre el dinero. En lugar de verlo como algo negativo o una fuente de estrés, trata de verlo como una herramienta para ayudarte a alcanzar tus metas y mejorar tu calidad de vida. Recuerda que el dinero no es el fin, sino el medio para alcanzar tus metas y vivir una vida plena y satisfactoria.

Además, rodearse de personas que tengan una actitud positiva hacia el dinero y la prosperidad puede tener una gran influencia en su mentalidad financiera. Busque asociarse con personas que estén dispuestas a compartir conocimientos y experiencias financieras positivas y que alienten sus sueños y metas financieras.

Otra forma de mantener una actitud positiva hacia el dinero es tener una visión clara de tus objetivos financieros a corto y largo plazo. Haga un plan y establezca metas realistas que se puedan lograr con trabajo duro y disciplina. Celebre sus logros financieros, incluso los más pequeños, para mantener su motivación y actitud positivas.

Mantener una actitud positiva hacia el dinero y la prosperidad puede marcar la diferencia para lograr el éxito financiero. Mantenga una mentalidad positiva, busque aprender más sobre finanzas y comparta sus experiencias con los demás. Con trabajo arduo, dedicación y una actitud positiva, puede alcanzar sus metas financieras y vivir la vida que siempre ha deseado.

Desarrolla una mentalidad de abundancia en lugar de escasez.

Desarrollar una mentalidad de abundancia puede ser la clave para lograr la prosperidad financiera y la felicidad en la vida. La mentalidad de abundancia es lo opuesto a la mentalidad de escasez, que a menudo nos hace sentir limitados e incapaces de alcanzar nuestras metas financieras.

La mentalidad de abundancia consiste en creer que siempre hay más que suficiente para todos y que siempre hay oportunidades para crecer y prosperar. En lugar de enfocarte en lo que no tienes, enfócate en lo que tienes y en las oportunidades que se te presenten.

Para desarrollar una mentalidad de abundancia, es importante cambiar la forma de pensar sobre el dinero y la riqueza. En lugar de pensar en el dinero como una fuente de estrés y ansiedad, comience a ver el dinero como una herramienta para ayudarlo a alcanzar sus metas y sueños. Reconoce que la riqueza y la prosperidad son posibles para todos, y que puedes crear tu propia suerte y oportunidades financieras.

Una forma de desarrollar una mentalidad de abundancia es practicar la gratitud. Da gracias por las cosas que tienes en tu vida, aunque parezcan pequeñas o insignificantes. Esto ayuda a cambiar su perspectiva y centrarse en lo que es importante en lugar de lo que falta.

Otra forma de desarrollar una mentalidad de abundancia es practicar la generosidad. Done tiempo o dinero a una causa en la que crea, ayude a alguien que lo necesite o sea amable y considerado con los demás. Cuando das generosamente, atraes más abundancia a tu vida.

Finalmente, es importante recordar que desarrollar una mentalidad de abundancia no es algo que sucede de la noche a la mañana. Se necesita tiempo y práctica para cambiar sus patrones de pensamiento y creencias sobre el dinero y la prosperidad. Pero con dedicación y esfuerzo, puedes desarrollar una mentalidad de abundancia y lograr la prosperidad financiera y la felicidad que te mereces.

Aprende a manejar el dinero de forma sana y responsable.

Aprender a manejar el dinero de manera saludable y responsable es un paso clave para lograr la prosperidad financiera. Desafortunadamente, muchas personas carecen de estos conocimientos básicos y terminan enfrentando dificultades financieras a lo largo de sus vidas.

Para empezar, es importante comprender que el dinero debe tratarse con respeto y cuidado. Esto significa que necesitas aprender a controlar el gasto, evitando compras impulsivas e innecesarias. También es fundamental establecer un presupuesto personal, definiendo gastos imprescindibles y superfluos.

Además, es importante tener una visión a largo plazo y pensar en el futuro. Esto significa que necesita ahorrar dinero con regularidad, ya sea para crear una reserva de emergencia, para lograr una gran meta financiera o para jubilarse con tranquilidad.

Otro aspecto importante es aprender a manejar la deuda de manera responsable. Esto incluye evitar el endeudamiento excesivo y buscar siempre pagar las deudas a tiempo, evitando intereses y multas. En casos de deudas mayores, es importante buscar la ayuda de un profesional financiero para encontrar las mejores soluciones para su caso específico.

Finalmente, es importante tener en cuenta que manejar el dinero de manera sana y responsable implica mucho más que cuestiones financieras. Necesitas tener una actitud positiva hacia el dinero y aprender a valorar la seguridad e independencia financiera. Con esta mentalidad, será mucho más fácil lograr la prosperidad financiera y tener una vida más pacífica y plena.

Sea disciplinado y consistente en su enfoque financiero.

Cuando se trata de lograr la prosperidad financiera, una de las claves más importantes es ser disciplinado y consistente en su enfoque financiero. Esto significa que debe desarrollar hábitos financieros saludables y mantenerlos a largo plazo.

Una de las primeras cosas que puede hacer para ser disciplinado con sus finanzas es crear un presupuesto mensual. Esto te permitirá saber exactamente a dónde va tu dinero y te ayudará a evitar gastar de más en cosas innecesarias. Cuando establece un presupuesto, debe ser constante en apegarse a él. Esto puede significar sacrificar algo de diversión u ocio a corto plazo para alcanzar sus metas financieras a largo plazo.

Otra forma de ser disciplinado es fijarse metas financieras claras y realistas. Esto podría incluir ahorrar una cantidad específica de dinero cada mes, pagar una deuda existente o invertir en su jubilación. Cuando tiene objetivos específicos en mente, es más fácil mantenerse enfocado y trabajar duro para alcanzarlos.

Además, es importante ser constante en sus hábitos de ahorro e inversión. Esto significa que debe ser disciplinado para ahorrar dinero cada mes e invertirlo en un plan a largo plazo. Incluso si tiene un mal mes, no renuncie a su plan financiero. En su lugar, haga ajustes y siga avanzando.

Es importante recordar que ser disciplinado con sus finanzas no significa que tenga que vivir una vida sin diversión ni indulgencias. La clave es encontrar un equilibrio saludable entre ahorrar y gastar dinero en cosas que le brinden felicidad y satisfacción a corto plazo, pero sin comprometer sus metas financieras a largo plazo.

Ser disciplinado y coherente en su enfoque de las finanzas es fundamental para lograr la prosperidad financiera. Establezca un presupuesto, establezca metas claras, sea constante en sus hábitos de ahorro e inversión y logre un equilibrio saludable entre ahorrar y gastar dinero. Recuerde, los pequeños cambios y las acciones consistentes pueden marcar una gran diferencia a largo plazo.

Acepte la responsabilidad de sus decisiones financieras.

Aceptar la responsabilidad de sus decisiones financieras es una parte crucial del éxito financiero. Las personas a menudo prefieren culpar a las circunstancias externas o a otras personas por sus dificultades financieras, en lugar de asumir la responsabilidad personal .

Sin embargo, la verdad es que cada individuo tiene un papel importante en sus propias finanzas. Es importante recordar que cada decisión financiera que tomamos tiene consecuencias y por lo tanto debemos ser cuidadosos y responsables en nuestras elecciones.

Asumir la responsabilidad financiera comienza con el autoconocimiento. Es importante entender nuestras fortalezas y debilidades cuando se trata de finanzas personales. Debemos ser conscientes de nuestras limitaciones y ser realistas acerca de nuestras metas y expectativas financieras.

También es importante ser conscientes de nuestros hábitos financieros. Debemos monitorear nuestros gastos y ser honestos acerca de nuestras fortalezas y debilidades. Si descubrimos que tenemos hábitos de gastos excesivos o problemas de deudas, debemos estar dispuestos a tomar medidas para corregir estos problemas y cambiar nuestros comportamientos.

Asumir la responsabilidad financiera también significa ser proactivo con nuestras finanzas. Debemos estar dispuestos a tomar medidas para mejorar nuestra situación financiera, como crear un presupuesto, ahorrar dinero, invertir en nuestro futuro y buscar oportunidades de ingresos adicionales.

Al asumir la responsabilidad financiera, podemos tomar el control de nuestras finanzas y trabajar hacia un futuro financiero más estable y próspero. Con la combinación correcta de autoconciencia, hábitos financieros saludables y planificación inteligente, podemos alcanzar nuestras metas financieras y asegurar una vida financiera saludable y estable.

Desarrolle un presupuesto personal y apéguese a él.

Desarrollar un presupuesto personal es un paso importante para administrar sus finanzas de manera eficiente y lograr sus objetivos financieros. Un presupuesto es una herramienta que le ayuda a controlar sus gastos, reducir deudas y ahorrar dinero para alcanzar sus metas. Es importante tener un plan financiero claro y realista para evitar problemas financieros y asegurar un futuro financiero próspero.

Para comenzar a crear un presupuesto personal, debe comprender claramente sus gastos regulares, incluidos los gastos fijos, como el alquiler, la hipoteca, las facturas de servicios públicos y los pagos de deudas, así como los gastos variables, como la comida, la ropa, el entretenimiento y el transporte. . También es importante incluir gastos imprevistos, como regalos de cumpleaños y reparaciones en el hogar.

Una vez que tenga una comprensión completa de sus gastos, es importante comparar sus gastos con sus ingresos mensuales. Asegúrese de que sus gastos no excedan sus ingresos y, si es necesario, haga ajustes para equilibrar su presupuesto.

Manténgase dentro de su presupuesto establecido. Es importante que se comprometa a mantenerse dentro de su presupuesto y hacer ajustes cuando sea necesario. Puede usar aplicaciones financieras u hojas de cálculo para ayudar a realizar un seguimiento de sus finanzas.

Recuerde que un presupuesto personal no es algo que deba crearse una sola vez y luego olvidarse. Es una herramienta viva que debe actualizarse regularmente a medida que cambia su vida financiera. Por ejemplo, si obtuvo un aumento en el trabajo o pagó una deuda, es importante que actualice su presupuesto para reflejar esos cambios.

Crear y mantener un presupuesto personal es un paso importante hacia una vida financiera saludable y responsable. Al tener una comprensión clara de sus gastos e ingresos, puede controlar sus gastos, reducir sus deudas y ahorrar dinero para alcanzar sus objetivos financieros a largo plazo. Recuerde revisar y actualizar su presupuesto con regularidad para reflejar los cambios en su situación financiera.

Aprende a ahorrar e invertir tu dinero sabiamente.

Aprender a ahorrar e invertir dinero sabiamente es una habilidad crucial para lograr la prosperidad financiera. Muchos jóvenes pueden sentirse perdidos cuando se trata de administrar sus finanzas, pero hay muchas maneras de aprender a ahorrar e invertir de manera efectiva.

Una de las primeras cosas que puede hacer es crear un presupuesto personal detallado. Esto le ayudará a comprender exactamente dónde se gasta su dinero y dónde hay espacio para ahorrar. Es importante ser realista e incluir todos sus gastos mensuales, desde las facturas básicas como el alquiler y el transporte hasta cosas como salir a comer y divertirse.

Una vez que tenga un presupuesto establecido, puede comenzar a buscar áreas en las que pueda ahorrar dinero. Una de las formas más efectivas de ahorrar dinero es eliminar gastos innecesarios como suscripciones de TV o servicios que no usa con frecuencia. Además, puede ser útil comprar artículos en oferta, usar cupones y comprar en tiendas que ofrecen descuentos.

Pero ahorrar dinero es solo una parte de la ecuación. También debe considerar invertir su dinero para aumentar sus ganancias con el tiempo. Hay muchas opciones de inversión disponibles, desde acciones y bonos hasta fondos mutuos y bienes raíces. Es importante investigar sus opciones y encontrar la inversión que mejor se adapte a sus necesidades y objetivos financieros.

Sin embargo, invertir puede ser un proceso complicado, por lo que siempre se recomienda buscar el consejo de un profesional financiero o realizar una investigación exhaustiva antes de tomar cualquier decisión de inversión.

Aprender a ahorrar e invertir inteligentemente es clave para lograr la prosperidad financiera. Comience por crear un presupuesto personal, identificando áreas donde puede ahorrar y buscando oportunidades de inversión que sean adecuadas para sus necesidades y objetivos. Con práctica y aprendizaje continuo, puede convertirse en un maestro en la administración de su dinero y lograr una seguridad financiera a largo plazo.

Esté dispuesto a asumir riesgos financieros calculados.

Para lograr la prosperidad financiera, a menudo es necesario asumir riesgos. Sin embargo, eso no significa que deba tomar decisiones financieras impulsivas sin pensar en las consecuencias. Es importante tener un enfoque estratégico y calculado para asumir riesgos financieros.

Antes de tomar una decisión financiera riesgosa, es importante que comprenda completamente los riesgos involucrados. Investigue y evalúe las posibles consecuencias antes de tomar una decisión. Además, es importante que tenga un plan de respaldo en caso de que las cosas no salgan según lo planeado.

Los riesgos financieros pueden incluir inversiones de capital, comercio de opciones o inversiones comerciales empresariales. Si está considerando invertir en acciones u opciones, es importante que comprenda el mercado y cómo funciona. Si está considerando iniciar su propio negocio, es importante que haga un plan de negocios y evalúe los costos involucrados.

Sin embargo, es importante recordar que es posible que no todos asuman riesgos financieros. Si prefiere un enfoque financiero más conservador, puede ser mejor mantener sus inversiones en cuentas bancarias o valores de bajo riesgo. Está bien ser cauteloso con su dinero.

Cualquiera que sea el enfoque que elija, es importante que esté dispuesto a asumir riesgos financieros calculados. Recuerde que los mayores éxitos financieros a menudo vienen con cierto grado de riesgo. Al evaluar los riesgos involucrados y contar con un plan de respaldo sólido, puede aumentar sus posibilidades de lograr la prosperidad financiera.

Esté siempre dispuesto a aprender de sus errores financieros.

Cuando se trata de dinero, los errores son inevitables. Quizás hiciste una mala inversión o gastaste dinero en algo innecesario. Lo importante es aprender de esos errores y no volver a cometerlos. Aquí es donde entra la importancia de estar siempre dispuesto a aprender de tus errores financieros.

Al aprender de sus errores, puede desarrollar mejores estrategias financieras para el futuro. Eso significa evaluar decisiones financieras pasadas, identificar dónde se equivocó y encontrar soluciones para evitar esos errores en el futuro. Por ejemplo, si ha tenido problemas con la deuda de la tarjeta de crédito, puede optar por cortar su tarjeta o utilizar estrategias para controlar sus gastos.

Además, aprender de sus errores financieros puede ayudarlo a desarrollar más confianza en su capacidad para tomar decisiones financieras acertadas. Puede comenzar a comprender que incluso si comete errores, aún es capaz de resolver problemas y mejorar su situación financiera.

Sin embargo, es importante no culparse demasiado por los errores financieros. Es natural cometer errores, y la clave es aprender de ellos y seguir adelante. Si se encuentra en una situación financiera difícil, no tenga miedo de buscar ayuda de un profesional financiero o de amigos y familiares de confianza.

Aprender de sus errores financieros es un proceso continuo, pero vale la pena el esfuerzo. Esto ayudará a construir una base financiera más sólida y evitará futuros errores financieros. Recuerda que el éxito financiero se construye con esfuerzo y compromiso, pero también con el aprendizaje continuo y la capacidad de adaptación al cambio.

Aprenda a lidiar con el fracaso financiero y utilícelo como una oportunidad de aprendizaje.

El fracaso financiero es algo que muchos de nosotros enfrentamos en algún momento de nuestras vidas. Puede ser difícil lidiar con el fracaso, especialmente cuando se trata de nuestras finanzas. Sin embargo, es importante aprender a lidiar con estas situaciones y utilizar el fracaso como una oportunidad de aprendizaje.

En lugar de avergonzarse o culparse por el fracaso financiero, es importante reconocer que todos pasan por momentos difíciles en su viaje financiero. Es natural cometer errores y tomar decisiones financieras que no funcionan según lo planeado. En lugar de centrarse en el fracaso, es importante ver la situación como una oportunidad para aprender y crecer.

Aprender del fracaso financiero puede ayudarlo a evitar volver a cometer los mismos errores. Esto podría incluir cambiar su enfoque financiero, buscar nuevas fuentes de ingresos, reducir sus gastos o educarse financieramente para tomar decisiones más informadas.

Además, el fracaso financiero puede ayudarlo a desarrollar resiliencia y determinación. Cuando enfrentamos desafíos financieros, a menudo nos vemos obligados a encontrar soluciones creativas y perseverar para superar la situación. Esta resiliencia puede ser una habilidad valiosa en otras áreas de la vida.

Finalmente, recuerda que el fracaso financiero no te define como persona. Su autoestima y autoestima no están vinculadas a su éxito financiero. En su lugar, concéntrese en aprender de la situación y trabajar para lograr sus objetivos financieros. Con determinación, paciencia y persistencia, puede superar el fracaso financiero y lograr la prosperidad financiera.

Esté dispuesto a hacer sacrificios financieros para alcanzar sus metas.

Para alcanzar sus metas financieras, es importante estar dispuesto a hacer sacrificios. Estos sacrificios pueden parecer difíciles al principio, pero a la larga pueden dar grandes frutos. Algunas personas evitan hacer sacrificios financieros porque piensan que no podrán divertirse o aprovechar al máximo la vida. Sin embargo, hay formas de alcanzar sus metas financieras sin renunciar a todas las cosas que ama.

Lo primero que debe hacer es determinar sus prioridades financieras. ¿Qué es más importante para ti? ¿Está ahorrando dinero para una emergencia o para su jubilación? ¿Está pagando sus deudas o ahorrando para un viaje? A medida que determina sus prioridades financieras, puede comenzar a hacer sacrificios en otras áreas.

Una forma de ahorrar dinero es reducir sus gastos en artículos no esenciales. Esto no significa que debas dejar de divertirte o mimarte de vez en cuando, pero podría significar reducir la frecuencia con la que lo haces. Por ejemplo, en lugar de salir a cenar todas las semanas, podrías hacerlo una vez al mes. En lugar de comprar un café gourmet todos los días, puede hacer su propio café en casa.

Otra forma de ahorrar dinero es reducir los gastos fijos, como las suscripciones de televisión por cable o los servicios de transmisión. En su lugar, puede utilizar servicios gratuitos o más baratos, como canales de televisión gratuitos o bibliotecas públicas.

Recuerde que sus sacrificios financieros deben ser realistas y sostenibles. No es realista recortar todos sus gastos en ocio y pasatiempos. En cambio, intente encontrar formas de ahorrar en estos aspectos, como buscar ofertas y ofertas especiales en eventos y actividades que disfrute.

Finalmente, es importante recordar que los sacrificios financieros que haga ahora pueden tener un gran impacto en su futuro financiero. Al ahorrar dinero, puede crear un colchón financiero que lo proteja en una emergencia, además de invertir en su jubilación y otras metas financieras a largo plazo. Así que esté dispuesto a hacer sacrificios financieros para alcanzar sus metas y construir una base sólida para su futuro financiero.

Busque oportunidades de aprendizaje financiero en libros, cursos y mentores.

El mundo financiero puede ser intimidante, pero es importante recordar que es posible aprenderlo y dominarlo. Para ello, es fundamental buscar oportunidades de aprendizaje en libros, cursos y mentorías.

Los libros de finanzas personales son una excelente manera de comenzar a comprender los conceptos básicos, desde cómo presupuestar el dinero hasta cómo invertir en acciones. Hay una gran variedad de opciones disponibles, desde los éxitos de ventas más populares hasta los más técnicos, elija uno que se adapte a su estilo de aprendizaje y objetivos financieros.

Los cursos online y presenciales también son una gran opción para aquellos que quieren mejorar sus conocimientos financieros. Muchos de ellos son asequibles y se pueden hacer a su propio ritmo. Pueden incluir clases sobre administración financiera personal, inversiones, planificación fiscal y mucho más. Además, hay muchos cursos gratuitos disponibles en Internet.

Los mentores financieros también son una excelente manera de obtener orientación y asesoramiento personalizados. Pueden ayudarlo a identificar y alcanzar sus metas financieras, brindarle comentarios sobre sus decisiones financieras y ofrecerle estrategias para mejorar su situación financiera. Busque mentores que tengan experiencia en su área de interés y que estén dispuestos a compartir sus conocimientos.

Recuerde, aprender sobre finanzas personales puede ayudarlo a tomar decisiones más informadas y alcanzar sus metas financieras de manera más efectiva. Busque constantemente oportunidades de aprendizaje financiero y ponga en práctica lo que aprende. La disciplina y la consistencia en su enfoque financiero son clave para lograr la prosperidad financiera a largo plazo.

Crea en su potencial financiero y en su capacidad para aumentar sus ingresos.

Creer en su potencial financiero y en su capacidad para aumentar sus ingresos es clave para lograr la prosperidad financiera. Muchas personas creen que la riqueza es algo inalcanzable o que está reservada solo para aquellos que nacieron en familias ricas o tienen habilidades especiales. Sin embargo, esta creencia limitante solo impide que las personas alcancen su verdadero potencial financiero.

En cambio, es importante creer que es posible mejorar su situación financiera y alcanzar sus metas financieras. Al tener esta mentalidad, estará más motivado y decidido a buscar nuevos ingresos y oportunidades de inversión. También te vuelves más abierto a aprender y mejorar tus habilidades financieras.

Es importante recordar que el éxito financiero no sucede de la noche a la mañana y es posible que deba enfrentar desafíos en el camino. Sin embargo, al creer en su potencial financiero, estará más dispuesto a persistir en sus esfuerzos y encontrar soluciones creativas para superar estos obstáculos.

Recuerde también que su situación financiera actual no determina su futuro financiero. Independientemente de su situación actual, lograr la prosperidad financiera es posible si está dispuesto a trabajar duro, aprender y tomar decisiones financieras inteligentes.

Así que crea en usted mismo y en su potencial financiero. Visualice sus metas financieras y trabaje constantemente para lograrlas. Con perseverancia, disciplina y una actitud positiva, puedes lograr la prosperidad financiera que deseas.

Esté abierto a nuevas oportunidades financieras y fuentes de ingresos.

Para lograr la prosperidad financiera, es importante estar abierto a nuevas oportunidades financieras y fuentes de ingresos. Esto significa que debe estar dispuesto a explorar diferentes opciones y ser creativo en su enfoque para ganar dinero. En lugar de limitarse a una sola fuente de ingresos, busque formas de diversificar sus ingresos y explore nuevas oportunidades.

Una forma de hacerlo es buscando nuevas habilidades que pueda adquirir o mejorar para poder ampliar su conjunto de habilidades y ofrecer servicios valiosos a los demás. Puede tomar cursos, talleres y capacitaciones en línea o presenciales para desarrollar habilidades en áreas como marketing, finanzas, emprendimiento y mucho más.

Otra forma de explorar nuevas oportunidades financieras es buscar nuevas empresas o inversiones. Esto podría incluir iniciar un negocio propio, invertir en acciones o fondos mutuos, o incluso invertir en criptomonedas. Es importante investigar y comprender los riesgos que implica cada oportunidad antes de invertir su dinero.

También es importante estar abierto a oportunidades de ingresos pasivos, como alquilar bienes raíces o invertir en ingresos fijos. Estas oportunidades pueden brindarle ingresos adicionales sin requerir mucho tiempo o esfuerzo de su parte.

Estar abierto a nuevas oportunidades financieras y fuentes de ingresos puede ayudarlo a lograr la prosperidad financiera. Sea creativo, esté dispuesto a aprender y explore diferentes opciones para encontrar lo que funciona mejor para usted. Recuerde siempre investigar y comprender los riesgos involucrados con cada oportunidad antes de invertir su dinero.

Desarrolla habilidades de negociación y comunicación para mejorar tus finanzas.

Desarrollar habilidades de negociación y comunicación puede ser una excelente manera de mejorar sus finanzas y alcanzar sus metas financieras. Si puede negociar y comunicarse de manera efectiva, puede obtener mejores términos en sus transacciones financieras, así como encontrar formas de aumentar sus ingresos y ahorrar dinero.

La negociación es una habilidad que se puede aprender y mejorar con la práctica. Es importante estar preparado y tener una estrategia clara en mente antes de ingresar a una operación. Investigue y aprenda lo que es razonable esperar antes de comenzar a operar. Esté dispuesto a escuchar a otras partes y sea flexible en sus demandas, pero también sepa cuándo es el momento de salir de la negociación si no va en la dirección deseada.

Además, la comunicación es una habilidad crucial en el manejo de las finanzas. Aprender a comunicarse clara y efectivamente con bancos, prestamistas, instituciones financieras y otros es esencial para garantizar que se satisfagan sus necesidades financieras. Sepa cómo articular sus deseos y necesidades de manera clara y concisa, y esté dispuesto a hacer preguntas y buscar aclaraciones cuando sea necesario.

Finalmente, desarrollar habilidades de negociación y comunicación puede ayudarlo a encontrar nuevas oportunidades financieras y fuentes de ingresos. Al poder comunicarse con claridad y negociar con eficacia, puede descubrir formas de ganar más dinero o ahorrar más en sus finanzas. Mantenga una mente abierta y esté dispuesto a explorar nuevas oportunidades y enfoques para lograr sus metas financieras.

Sepa cuándo pedir ayuda financiera ya quién acudir.

Saber cómo pedir ayuda financiera cuando se necesita puede ser un desafío para muchas personas. Sin embargo, es importante recordar que todos pasamos por momentos difíciles con nuestras finanzas y que pedir ayuda es algo valiente e inteligente.

Si tiene dificultades financieras, lo primero que debe hacer es evaluar su situación y determinar el tipo de asistencia financiera que necesita. Esto puede variar desde asesoramiento financiero gratuito hasta préstamos personales o ayuda de familiares y amigos.

Una de las mejores fuentes de ayuda financiera es un asesor financiero. Estos profesionales pueden ayudarlo a identificar áreas problemáticas en sus finanzas y brindarle asesoramiento para ayudarlo a superar estos desafíos. También pueden ayudarlo a crear un plan financiero realista y alcanzable para alcanzar sus metas financieras.

Si necesita ayuda inmediata, puede acudir a organizaciones sin fines de lucro que ofrecen asesoramiento financiero gratuito. Estos grupos pueden ayudarlo a evaluar su situación financiera y brindarle consejos sobre cómo lidiar con las deudas, reducir los gastos y crear un presupuesto realista.

Si te estás planteando sacar préstamos personales para hacer frente a deudas o gastos imprevistos, es importante que tengas cuidado. Asegúrese de comprender los términos del préstamo y de poder pagar las cuotas antes de firmar cualquier documento. Si no tiene un buen historial de crédito, puede ser difícil obtener un préstamo a tasas razonables, así que investigue y compare opciones.

Finalmente, no tenga miedo de pedir ayuda a familiares y amigos. Si bien pedir dinero prestado puede ser incómodo, es mejor que enfrentar solo los problemas financieros. Asegúrese de tener un plan para devolver el dinero prestado y esté agradecido por el apoyo.

Recuerde, pedir ayuda financiera no es una señal de debilidad, sino una señal de fortaleza y determinación para superar los desafíos financieros. No tenga miedo de buscar ayuda y recursos que lo ayuden a lograr la estabilidad financiera.

Evite deudas innecesarias y altas tasas de interés.

Evitar deudas innecesarias y altas tasas de interés es uno de los pasos principales para mantener una vida financiera saludable. Muchas personas se encuentran en una situación de endeudamiento porque no pueden controlar sus gastos y acaban acumulando intereses que, con el tiempo, pueden volverse insoportables.

Para evitar deudas innecesarias y altas tasas de interés, es importante tener disciplina financiera. Una de las primeras cosas que puede hacer es crear un presupuesto realista, teniendo en cuenta todos sus gastos e ingresos mensuales. Con un presupuesto bien definido, puedes controlar mejor tus gastos y reducir gastos innecesarios.

Otro consejo importante es evitar el uso excesivo de tarjetas de crédito. Si bien estas tarjetas pueden ser útiles en muchas situaciones, también pueden ser peligrosas cuando se usan incorrectamente. Es importante usar su tarjeta de crédito solo cuando esté seguro de que puede pagar la factura en su totalidad al final del mes.

Además, antes de realizar cualquier compra a plazos, es importante comprobar que los tipos de interés no son abusivos. A menudo, el valor total de la compra a plazos puede ser mucho mayor que el valor del producto en sí, debido a los intereses. Por lo tanto, es fundamental leer detenidamente los términos del contrato antes de cerrar un pago a plazos.

Sea agradecido por lo que tiene y lo que ya ha logrado financieramente.

Ser agradecido es una actitud importante que se debe tener en muchas áreas de la vida, incluidas las finanzas. Es común que, al enfocarse solo en las metas a alcanzar, las personas terminen olvidándose de valorar lo que ya tienen y han logrado hasta el momento.

Por lo tanto, es importante cultivar la gratitud hacia el dinero y los logros económicos, aunque parezcan pequeños. Dar gracias por la capacidad de trabajar y generar ingresos, por el dinero que permite satisfacer deseos y necesidades, por acceder a servicios y productos que pueden mejorar la calidad de vida, son solo algunas formas de mostrar gratitud.

Al estar agradecido por lo que ya tiene, puede tener más claridad para establecer metas y objetivos financieros futuros. Esto se debe a que la gratitud ayuda a desarrollar una perspectiva positiva y realista en relación con las finanzas, evitando que las personas caigan en trampas como el consumismo desenfrenado, la envidia o la búsqueda de más dinero a toda costa.

Es importante resaltar que ser agradecido no significa acomodarse o dejar de buscar mejores oportunidades económicas. Por el contrario, la gratitud debe ser un punto de partida para establecer metas y objetivos financieros más ambiciosos y realistas.

Cultivar la gratitud en torno al dinero y los logros financieros es una forma de mantenerse motivado y consciente financieramente, evitando comportamientos poco saludables y logrando un equilibrio saludable entre las necesidades, los deseos y las metas financieras.

Aprenda a lidiar con la presión social para gastar dinero en cosas caras.

La presión social para gastar dinero en cosas caras es una realidad a la que se enfrentan muchas personas. Puede ser difícil resistir esta presión y mantenerse fiel a sus objetivos financieros, pero es importante recordar que usted debe determinar sus prioridades financieras, no otros.

Para lidiar con esta presión, comience definiendo claramente sus objetivos financieros y lo que es importante para usted. Pregúntese qué valora más: gastar dinero en cosas que le brindan placer a corto plazo o ahorrar para alcanzar sus objetivos financieros a largo plazo, como comprar una casa, jubilarse o pagar una deuda.

Luego, aprenda a decir que no de manera educada y asertiva. No tiene que justificar sus elecciones financieras, pero es importante explicar sus metas y prioridades. Puedes decir algo como "Agradezco tu sugerencia, pero en este momento estoy ahorrando para alcanzar una meta financiera que es importante para mí". Si la gente sigue insistiendo, sea firme y repita su posición.

Finalmente, recuerda que las cosas materiales no traen felicidad duradera. Concéntrese en construir relaciones y experiencias significativas en lugar de acumular posesiones materiales. Esté abierto a explorar opciones más baratas, como viajes más baratos o restaurantes menos costosos, y comparta estas experiencias con amigos y familiares.

Para lidiar con la presión social de gastar dinero en cosas costosas, es importante tener claras sus prioridades y metas financieras, ser asertivo al decir que no y recordar que las experiencias y relaciones significativas son más valiosas que las posesiones materiales costosas.

Invierte en ti mismo, en tu educación y en tus habilidades.

Invertir en ti mismo puede ser una de las mejores decisiones financieras que cualquiera puede tomar. La educación y el desarrollo de habilidades pueden ayudarlo a aumentar sus ingresos, abrir nuevas oportunidades profesionales y crear un futuro financiero más seguro.

Hay muchas formas de invertir en ti mismo, y la educación es una de ellas. Esto no significa que deba volver a la escuela y obtener un título universitario o de posgrado. Hay muchas opciones de educación asequibles, como cursos en línea, talleres, seminarios web y programas de capacitación que pueden ayudarlo a desarrollar habilidades específicas para su campo.

También es importante invertir en las habilidades de su gente, como la comunicación, el liderazgo y la resolución de problemas. Estas habilidades se pueden desarrollar a través de capacitación especializada, lectura de libros y trabajo en red.

Otra forma de invertir en ti mismo es a través de actividades de salud física y mental. Mantener un estilo de vida saludable puede ayudar a aumentar la productividad, reducir el estrés y mejorar la calidad de vida.

Invertir en usted mismo puede parecer un lujo al principio, pero es una inversión que puede brindarle beneficios financieros y personales a largo plazo. Recuerde que el dinero gastado en su propia educación y habilidades es una inversión en su capacidad para ganar dinero y crear un futuro financiero más seguro y próspero.

Sea paciente y constante en sus esfuerzos financieros.

Cuando se trata de finanzas, muchos de nosotros queremos resultados inmediatos. Queremos pagar la deuda rápidamente, aumentar nuestros ingresos en un abrir y cerrar de ojos y acumular riqueza al instante. Sin embargo, la verdadera creación de riqueza y estabilidad financiera requiere paciencia y constancia.

Muchas veces, las personas se dan por vencidas en sus esfuerzos financieros porque no ven resultados inmediatos. Sin embargo, es importante comprender que generar riqueza es un proceso gradual y lleva tiempo. Se necesita paciencia para lograr objetivos financieros a largo plazo.

Además, la consistencia es clave para lograr el éxito financiero. Eso significa ser disciplinado con respecto a sus hábitos financieros, incluso cuando las cosas se ponen difíciles. Significa ahorrar regularmente, invertir constantemente y mantenerse dentro de su presupuesto incluso cuando hay tentaciones de gastar en exceso.

Una de las claves para la consistencia financiera es crear un plan realista y alcanzable para sus finanzas. Esto puede incluir establecer objetivos financieros específicos, establecer un presupuesto realista y crear un plan de inversión consistente. Al seguir este plan, puede mantenerse encaminado incluso cuando las cosas se ponen difíciles.

Es importante recordar que la paciencia y la constancia son claves para lograr el éxito financiero. Si está buscando generar riqueza y estabilidad financiera a largo plazo, debe estar dispuesto a ser paciente y constante en sus esfuerzos financieros. Recuerde que crear riqueza es un proceso gradual y lleva tiempo. Con paciencia y constancia, puede alcanzar sus metas financieras y construir un futuro financiero seguro y estable.

Sea responsable y ético en sus transacciones financieras.

Ser responsable y ético en sus transacciones financieras es una característica fundamental de una persona respetable y exitosa. Esto implica comportarse con honestidad e integridad en todas sus actividades financieras, incluidas las inversiones, las transacciones y los préstamos.

Al actuar éticamente, construye una reputación positiva que puede ser beneficiosa para su negocio y sus finanzas a largo plazo. Esto significa evitar prácticas deshonestas o ilegales como el fraude, la corrupción y la evasión fiscal. Además, debe cumplir con sus obligaciones financieras, como pagar sus deudas a tiempo y cumplir los contratos.

Ser financieramente responsable también significa planificar sus finanzas con cuidado y conciencia. Esto incluye crear un presupuesto personal, controlar sus gastos e invertir su dinero de manera responsable. Además, es importante ser consciente de los riesgos involucrados en cualquier inversión o transacción financiera y tomar decisiones informadas basadas en sus objetivos financieros y nivel de comodidad.

Al ser ético y responsable en sus transacciones financieras, construye una base sólida para su futuro financiero y desarrolla una reputación positiva en el mercado financiero. Esto puede generar oportunidades comerciales y aumentar sus posibilidades de éxito financiero a largo plazo. Recuerde siempre actuar con integridad, honestidad y responsabilidad en todas sus actividades financieras.

No te compares financieramente con otros; cada persona tiene un viaje único.

Compararse financieramente con otros puede ser una trampa peligrosa. Cada individuo tiene una trayectoria financiera única, con sus propias circunstancias, oportunidades y desafíos. Al compararte con otras personas, puedes sentir envidia, frustración o incluso desesperación. Estas emociones pueden llevarlo a tomar decisiones financieras imprudentes oa dudar de sus propias elecciones.

Es importante recordar que cada persona tiene sus propias metas financieras y un enfoque personalizado para alcanzarlas. Algunas personas pueden optar por ahorrar más en un momento dado, mientras que otras pueden preferir invertir en sus negocios o proyectos personales. Lo que funciona para una persona puede no funcionar para otra, y eso es completamente normal.

En lugar de compararte con otras personas, concéntrate en tus propias metas financieras y progreso personal. Fíjese objetivos realistas, cree un presupuesto que se ajuste a sus necesidades y esfuércese por ahorrar e invertir sabiamente. Recuerde que el viaje financiero es una maratón, no una carrera de velocidad. Se necesita tiempo para generar riqueza y estabilidad financiera, y es importante ser paciente y constante en sus esfuerzos.

Además, recuerda que la felicidad y el bienestar no están necesariamente ligados al dinero. Es fácil perderse en la carrera por ganar más dinero, pero es importante recordar que la felicidad se puede encontrar en muchas otras áreas de la vida, como las relaciones, los pasatiempos y las experiencias. Concéntrese en encontrar un equilibrio saludable entre su vida financiera y sus otras metas y pasiones.

No te compares financieramente con otras personas. Cada individuo tiene un viaje único y un enfoque personalizado para sus objetivos financieros. En su lugar, concéntrese en sus propias metas y progreso, sea paciente, constante y equilibrado en sus esfuerzos financieros.

Tome decisiones financieras conscientes alineadas con sus valores personales.

Tomar decisiones financieras conscientes alineadas con tus valores personales es un paso importante para lograr la estabilidad financiera y la felicidad. Es común dejarse llevar por la publicidad y las presiones sociales para gastar dinero en cosas que muchas veces no agregan valor a nuestra vida y nos dejan insatisfechos.

Al desarrollar conciencia financiera y comprender cuáles son sus valores personales, será más probable que tome decisiones financieras saludables que estén en línea con sus objetivos y necesidades. Por ejemplo, si valora la sostenibilidad, puede optar por invertir en productos y servicios ecológicos y sostenibles.

También es importante evitar caer en la trampa del consumo desenfrenado, que puede derivar en endeudamiento y problemas financieros. En su lugar, adopte un estilo de vida más simple y minimalista, valorando las experiencias y las relaciones por encima de las posesiones materiales.

Al tomar decisiones financieras conscientes alineadas con sus valores personales, será más probable que se sienta realizado y satisfecho con sus elecciones, además de ayudar a construir un futuro financiero más estable y próspero. Recuerda siempre que el dinero debe ser un medio para tus objetivos y no un fin en sí mismo.

Manténgase actualizado sobre las tendencias financieras y de inversión.

Para tener éxito financiero, es importante mantenerse actualizado sobre las tendencias financieras y de inversión. El mundo financiero cambia constantemente, y mantenerse al día con esos cambios es esencial para tomar decisiones informadas sobre sus finanzas.

Hay varias maneras de mantenerse actualizado sobre las tendencias financieras. Una es leer libros y artículos sobre finanzas personales e inversiones. Hay muchos libros excelentes escritos por expertos financieros que pueden ayudarlo a comprender mejor cómo funciona el mundo financiero.

Además, es importante mantenerse al día con las noticias financieras y económicas. Las noticias financieras pueden brindar información importante sobre el rendimiento del mercado de valores, las tasas de interés, las fluctuaciones de las divisas y otros factores que pueden afectar sus inversiones.

También es importante estar al tanto de las tendencias de inversión. Las tendencias pueden cambiar rápidamente y es importante ser consciente de las oportunidades y los riesgos que pueden traer. Por ejemplo, actualmente existe una tendencia creciente hacia la inversión en criptomonedas y empresas que trabajan con tecnologías disruptivas.

Además, hay muchos cursos y programas educativos disponibles para ayudarlo a mantenerse actualizado sobre las tendencias financieras. Estos programas pueden ser ofrecidos por universidades, empresas de inversión u otras organizaciones financieras.

Mantenerse actualizado sobre las tendencias financieras y de inversión es esencial para tomar decisiones financieras informadas y lograr sus objetivos financieros. Recuerde que las tendencias pueden cambiar rápidamente y es importante estar siempre al tanto de las oportunidades y riesgos que pueden traer.

Capítulo 2: Finanzas personales para jóvenes graduados

Cómo empezar a ahorrar dinero inmediatamente después de la graduación.

Después de graduarse, muchos jóvenes graduados ingresan al mercado laboral con un salario modesto y la necesidad de adaptarse a una nueva rutina de gastos. Aquí es cuando la capacidad de ahorrar dinero se vuelve esencial. La buena noticia es que con unos simples cambios, puede comenzar a ahorrar ahora y asegurar un futuro financiero estable.

El primer paso es crear un presupuesto realista y ceñirse a él. Anote todos sus gastos fijos, como el alquiler, la comida y las facturas de servicios públicos, e incluya una cantidad para el ocio y los gastos variables. Al establecer un límite en sus gastos, puede evitar gastar más de lo que gana y endeudarse.

En segundo lugar, busque formas de ahorrar en sus gastos diarios. Pequeños cambios, como llevar el almuerzo de casa en lugar de salir a comer todos los días, pueden marcar una gran diferencia a largo plazo. Además, considere alternativas más económicas como andar en bicicleta o usar el transporte público en lugar de conducir.

Tercero, considere abrir una cuenta de ahorros. Incluso si comienza con montos pequeños, como R$ 50,00 por mes, estos montos se acumularán con el tiempo y se convertirán en una reserva financiera que puede usarse en emergencias o para lograr objetivos a largo plazo, como la compra de un automóvil o real. bienes.

Otro consejo importante es evitar deudas de tarjetas de crédito o préstamos innecesarios. Si necesita crédito, busque opciones de bajo interés y lea detenidamente los términos del acuerdo antes de firmarlo. Recuerde que estas deudas pueden acumularse rápidamente y dificultar su vida financiera en el futuro.

Finalmente, no olvides invertir en tu educación financiera. Lea libros sobre finanzas personales, siga blogs y canales especializados en finanzas y busque el consejo de personas con experiencia. Aprender a administrar su dinero sabiamente es una habilidad fundamental que le traerá beneficios para toda la vida.

Ahorrar dinero desde una edad temprana es clave para garantizar una vida financiera estable y libre de deudas. Comience a hacer pequeños cambios en su estilo de vida ahora mismo y cree una base sólida para el futuro.

Cómo crear un plan de inversión adaptado a sus necesidades y objetivos financieros.

Tener un plan de inversión personalizado puede ayudarlo a alcanzar sus objetivos financieros a largo plazo. Después de todo, invertir dinero es una de las formas más efectivas de aumentar su riqueza. Sin embargo, no existe un plan de inversión único que funcione para todos. Es esencial crear un plan de inversión adaptado a sus necesidades y objetivos específicos.

Estos son algunos pasos que puede seguir para crear un plan de inversión personalizado:

Determine sus objetivos financieros: antes de comenzar a invertir, debe determinar sus objetivos financieros. ¿Está ahorrando para una jubilación cómoda? ¿Quieres ahorrar para comprar una casa? ¿O está planeando un gran gasto, como pagar la educación universitaria de su hijo? Identificar sus metas financieras ayudará a guiar su plan de inversión.

Evalúe su perfil de riesgo: el riesgo es una parte inherente de cualquier inversión. Pero el grado de riesgo que está dispuesto a asumir depende de su tolerancia al riesgo y de sus objetivos financieros. Si tienes un perfil de inversor conservador, puedes optar por invertir en productos financieros de menor riesgo, como los bonos del

Estado. Por otro lado, si es un inversor agresivo, puede estar dispuesto a asumir más riesgos para obtener mayores rendimientos.

Elija clases de activos: las clases de activos incluyen acciones, bonos, bienes raíces, materias primas y fondos mutuos. Cada clase de activo tiene diferentes niveles de riesgo y rendimiento. Una buena estrategia de inversión implica diversificar su cartera en múltiples clases de activos para reducir el riesgo general.

Elija productos financieros específicos: una vez que haya decidido en qué clases de activos desea invertir, es hora de elegir productos financieros específicos. Por ejemplo, si desea invertir en acciones, puede optar por comprar acciones individuales o puede elegir un fondo mutuo o un ETF (Exchange Traded Fund).

Ajusta tu plan de acuerdo a tus necesidades y circunstancias: Finalmente, recuerda que tu plan de inversión es un documento vivo que debe ser ajustado de acuerdo a tus necesidades y circunstancias. Por ejemplo, si se acerca a la jubilación, puede optar por ajustar su cartera para reducir el riesgo y garantizar un flujo constante de ingresos.

Crear un plan de inversión personalizado puede ayudarlo a alcanzar sus objetivos financieros a largo plazo. Al seguir estos pasos y trabajar con un profesional financiero calificado, puede crear un plan de inversión personalizado que satisfaga sus necesidades y objetivos únicos.

Cómo planificar su carrera para maximizar sus ingresos a largo plazo.

La planificación de carrera es una estrategia importante para lograr el éxito financiero a largo plazo. Las personas a menudo comienzan a trabajar sin pensar en sus objetivos a largo plazo, lo que puede resultar en una carrera sin dirección y mal remunerada. Para maximizar los ingresos a largo plazo, es importante considerar algunos aspectos de su carrera.

El primer paso es definir tus objetivos. Pregúntate dónde quieres estar en cinco, diez o veinte años. Esto puede ayudarlo a tomar decisiones sobre los trabajos que busca y las habilidades que debe desarrollar.

A continuación, es importante buscar oportunidades de crecimiento profesional. Esto podría incluir tomar cursos de especialización, obtener certificaciones u obtener un título de posgrado. El desarrollo constante de nuevas habilidades y la adquisición de conocimientos son importantes para seguir siendo competitivos en el mercado laboral.

Otro consejo es buscar empresas que ofrezcan oportunidades de crecimiento interno. Esto significa que la empresa brinda oportunidades de promoción y avance dentro de la organización. Al encontrar una empresa que valore e invierta en sus empleados, puede tener la oportunidad de alcanzar nuevas alturas y aumentar sus ingresos.

Además, es importante contar con una buena red de contactos profesionales. Haz conexiones con compañeros de trabajo, compañeros de clase, profesores y otros profesionales de tu industria. Pueden ofrecer consejos, ayudar a encontrar nuevas oportunidades e incluso servir como referencia para futuros trabajos.

Finalmente, recuerda que una carrera no es un camino lineal. Estar abierto al cambio y nuevas oportunidades. A veces, cambiar de trabajo o de industria puede ayudarlo a alcanzar sus metas financieras a largo plazo.

La planificación de su carrera es un componente clave para maximizar sus ingresos a largo plazo. Definir tus metas, buscar oportunidades de crecimiento profesional, buscar empresas que valoren el desarrollo de sus empleados, construir una red de contactos y estar abierto al cambio te puede ayudar a alcanzar tus metas financieras y profesionales.

Cómo administrar su deuda estudiantil después de la graduación.

Después de graduarse de la universidad, muchos jóvenes se enfrentan a la realidad de tener que lidiar con la deuda estudiantil. Pagar estas deudas puede parecer desalentador, pero con planificación y algunos consejos útiles, puede administrar la deuda de manera eficiente.

Aquí hay algunos consejos para ayudarlo a administrar su deuda estudiantil:

Comprenda los términos y condiciones: es importante comprender los términos de su préstamo estudiantil, como la tasa de interés y el plazo de pago. Asegúrese de saber cuánto debe pagar, cuándo debe pagarlo y cómo pagarlo.

Cree un plan de pago: es importante crear un plan de pago realista y viable para evitar pagos atrasados e incumplimientos. Puedes dividir el monto total de tu deuda en cuotas mensuales y establecer una fecha límite para pagarlas.

Considere la consolidación de préstamos: la consolidación de sus préstamos puede ser una buena opción si tiene varios préstamos estudiantiles con diferentes tasas de interés. La consolidación de préstamos le permite combinar sus préstamos en uno con una tasa de interés generalmente más baja.

Busque programas de condonación de préstamos: algunos programas ofrecen condonación de préstamos para personas que trabajan en ciertos campos, como servicios públicos, organizaciones sin fines de lucro y educación. Investigue si hay programas de condonación de préstamos para los que sea elegible.

Considere la posibilidad de refinanciar: la refinanciación puede ser una opción si tiene un buen historial de crédito y una tasa de interés alta en sus préstamos estudiantiles. La refinanciación le permite obtener un nuevo préstamo a una tasa de interés más baja para pagar sus antiguos préstamos estudiantiles.

Administrar la deuda estudiantil puede ser un desafío, pero con planificación y un plan de acción realista, puede superar esta fase financiera. Recuerde que la gestión de la deuda es una habilidad importante que puede ayudarlo a establecer una base financiera sólida para el futuro.

Consejos para encontrar un trabajo que ofrezca beneficios económicos, como un plan de pensiones privado.

Encontrar un trabajo que ofrezca beneficios financieros puede ser una de las mejores cosas que puede hacer por su vida financiera. Uno de los beneficios financieros más valiosos es un plan de pensiones privado. Este tipo de plan puede ayudarlo a ahorrar para la jubilación y brindarle tranquilidad financiera en el camino.

Investigue la empresa antes de presentar la solicitud: antes de solicitar un trabajo, investigue la empresa para ver si ofrece un plan de pensión privado y qué opciones hay disponibles. Esto puede ayudarlo a evaluar si la empresa es adecuada para usted.

Pregunte durante la entrevista: durante la entrevista, es una buena idea preguntar sobre los beneficios que ofrece la empresa, incluido el plan privado de jubilación. Esto puede ayudarlo a comprender mejor el paquete de beneficios y tomar una decisión informada.

Considere el paquete de beneficios como un todo: Si bien un plan de pensión privado es un beneficio financiero valioso, es importante evaluar el paquete de beneficios como un todo. Considere factores tales como vacaciones pagadas, atención médica y dental, seguro de vida y otros beneficios que puedan ser valiosos para usted.

Evaluar opciones de inversión: si la empresa ofrece un plan de pensiones privado, asegúrese de evaluar las opciones de inversión disponibles. Busque opciones de inversión que coincidan con sus metas financieras y nivel de riesgo.

Haz aportes regulares: si eliges participar en un plan de pensiones privado, es importante que hagas aportes regulares. Cuanto antes comience a contribuir, más tiempo tendrá su dinero para crecer y más fácil será alcanzar sus objetivos financieros a largo plazo.

Encontrar un trabajo que ofrezca un plan de pensión privado puede ser un gran paso para mejorar su situación financiera a largo plazo. Al investigar la empresa, hacer preguntas durante la entrevista, evaluar el paquete de beneficios, evaluar las opciones de inversión y hacer contribuciones periódicas, puede dar los primeros pasos hacia una vida financiera más segura y pacífica. Aunque en Brasil muchas empresas no tengan este tipo de beneficio , es necesario que empecemos a buscar empresas que ofrezcan beneficios al trabajador, pensando en el período de posproductividad.

Consejos para negociar salarios y beneficios durante las entrevistas de trabajo.

Negociar salarios y beneficios es un paso importante para quienes buscan trabajo. Sin embargo, muchas personas son inseguras y no saben cómo abordar el tema. La negociación salarial no tiene que ser un animal de siete cabezas, solo prepárate y sigue algunos consejos.

Antes de comenzar a negociar, es importante investigar el mercado y averiguar cuál es el salario promedio para el puesto que está buscando. De esa manera, tendrá una idea de cuánto puede pedir sin exagerar.

Otro consejo es enumerar sus habilidades y experiencias que lo convierten en un candidato valioso para la empresa. Con esta información en la mano, puede argumentar por qué merece un salario más alto.

Además del salario, es importante negociar los beneficios que ofrece la empresa. Vales de comida, plan de salud, seguro de vida y plan privado de pensiones son algunos ejemplos de beneficios que se pueden discutir durante la negociación.

Durante la entrevista, sea claro y objetivo cuando hable sobre sus expectativas salariales y beneficios. Es importante demostrar que valoras el trabajo y la empresa, pero que buscas un salario justo y beneficios que se ajusten a tus necesidades.

Recuerda que la negociación salarial es una calle de doble sentido, es decir, debes estar dispuesto a ceder en algunos puntos para conseguir lo que quieres. Por ejemplo, si la empresa no puede ofrecer un salario más alto, puede ofrecer más beneficios u oportunidades de crecimiento profesional.

Negociar salarios y beneficios requiere preparación, investigación y objetividad. Con estos consejos en mente, puedes sentirte más confiado y seguro durante la entrevista y lograr un acuerdo mutuamente satisfactorio.

Cómo encontrar formas de ganar dinero extra en tu tiempo libre.

Si desea ganar dinero extra en su tiempo libre, hay muchas opciones disponibles para usted. Desde trabajos independientes hasta proyectos creativos, hay una variedad de formas de generar ingresos adicionales. Aquí hay algunas ideas para comenzar:

Trabajo freelance: Si tienes habilidades en áreas como redacción, diseño gráfico, programación, traducción o edición de videos, puedes ofrecer tus servicios como freelancer en sitios especializados como Upwork, Freelancer y Workana.

Venta de productos hechos a mano: si eres hábil con las manos, puedes vender tus creaciones en línea, en mercados locales o en tu propia tienda en línea. Se pueden realizar joyas, artículos de decoración, ropa, entre otros.

Renta de propiedades: si posee una propiedad, puede alquilarla para generar ingresos pasivos. Existen varias plataformas en línea, como Airbnb, que ayudan a conectar a los propietarios con los turistas.

Venta de productos por internet: Si te gusta vender productos, puedes crear una tienda virtual para vender artículos como ropa, accesorios, electrónica, artículos deportivos, entre otros.

Marketing de afiliados: puede promocionar los productos de otras personas en su sitio web o blog y recibir una comisión cuando alguien realiza una compra a través de su enlace de afiliado.

Venta de fotos: si te gusta la fotografía, puedes vender tus fotos en sitios como Shutterstock, iStock y Getty Images.

Participar en encuestas en línea: algunas empresas pagan a los usuarios para que participen en encuestas en línea. Sitios como Toluna y Swagbucks brindan esta oportunidad.

Clases Particulares: Si eres experto en un área específica, como matemáticas, inglés o música, puedes ofrecer clases particulares a domicilio o en línea.

Venta de artículos usados: si tienes ropa, aparatos electrónicos o muebles en buen estado que ya no usas, puedes venderlos en línea en sitios como OLX o en tiendas de segunda mano locales.

Servicios de entrega: Puedes trabajar como repartidor para empresas como Uber Eats , Rappi o iFood .

Estas son solo algunas de las muchas formas de ganar dinero extra en tu tiempo libre. Asegúrate de elegir una opción que se ajuste a tu perfil y habilidades, y que te permita equilibrar tu tiempo con otras responsabilidades y compromisos.

Cómo iniciar un negocio y ser un emprendedor.

Si eres un joven graduado de la universidad, la idea de convertirte en empresario puede parecer un poco intimidante. Sin embargo, muchos jóvenes están eligiendo seguir este camino y comenzar sus propios negocios. Si usted es uno de esos jóvenes, aquí hay algunos consejos para ayudarlo a comenzar:

Identifique una Necesidad: Empiece por identificar una necesidad o problema que pueda resolver con su producto o servicio. Esto podría ser algo con lo que ya tenga experiencia o algo que le apasione y quiera explorar.

Investigue el mercado: Realice investigaciones para comprender mejor el mercado y la competencia. Esto lo ayudará a determinar si hay espacio para su negocio y cómo puede diferenciarse.

Elaborar un plan de negocios: Un plan de negocios es esencial para cualquier empresa. Le ayudará a trazar su idea, definir su estrategia y trazar una hoja de ruta para lograr sus objetivos.

Busque mentores: busque mentores o personas que ya tengan experiencia en la misma industria que usted. Pueden brindarle orientación y consejos valiosos para ayudarlo a evitar errores comunes.

Comience con poco: no se preocupe por comenzar su negocio con muchos recursos o altas expectativas. Comience con un modelo de negocio simple y pruebe sus ideas antes de invertir más recursos.

Manténgase actualizado: manténgase actualizado sobre las tendencias del mercado y las necesidades cambiantes de los clientes. Esto le ayudará a mantener su negocio competitivo y relevante.

Aprende a enfrentar los desafíos: Ser emprendedor es un desafío constante. Prepárate para enfrentar desafíos y aprender de tus errores. No te desanimes ante los obstáculos, sino utilízalos como una oportunidad para crecer y evolucionar.

Recuerde que iniciar un negocio puede ser un viaje emocionante y gratificante, pero requiere mucho trabajo y dedicación. Con los consejos anteriores, puedes comenzar tu viaje como emprendedor de una manera sólida y consistente.

Cómo crear un plan de jubilación para el futuro.

Cuando pensamos en la jubilación, es común imaginar una etapa de la vida en la que ya no necesitamos trabajar y podemos disfrutar de los frutos de nuestro trabajo a lo largo de los años. Sin embargo, para muchas personas, la jubilación puede ser un período de incertidumbre financiera si no se planifica adecuadamente.

Por lo tanto, crear un plan de jubilación es fundamental para asegurar una vida cómoda y financieramente estable en el futuro. Estos son algunos consejos para empezar:

Establezca su objetivo de jubilación: antes de comenzar a invertir para la jubilación, es importante saber cuánto dinero necesitará para mantener su estilo de vida de jubilación. Calcule los costos de vida y calcule cuánto dinero necesitará ahorrar.

Comience a ahorrar temprano: cuanto antes comience a ahorrar para la jubilación, más tiempo tendrá para que su dinero crezca y se acumule. Comience a invertir regularmente y adopte un plan de inversión diversificado.

Aproveche un plan de pensiones proporcionado por el empleador: si su empleador ofrece un plan de pensiones, como el plan de pensiones privado, aprovéchelo. A menudo, el empleador aporta una parte del dinero y la inversión se realiza automáticamente, lo que puede ayudar a crear ahorros para la jubilación.

Considere otras opciones de inversión para la jubilación: además de los planes privados de pensiones, existen otras opciones de inversión para la jubilación, como fondos mutuos y acciones. Es importante recordar que todas las inversiones implican riesgo y es importante conocer las opciones antes de invertir.

Manténgase actualizado: las leyes y regulaciones relacionadas con las pensiones cambian con frecuencia. Es importante mantenerse actualizado sobre estos cambios y adaptar su plan de jubilación en consecuencia.

Crear un plan de jubilación puede parecer intimidante, pero es un paso importante para asegurar un futuro financieramente estable. Comience a ahorrar temprano, aproveche los beneficios del plan de pensiones proporcionado por el empleador y considere otras opciones de inversión. Manténgase actualizado y ajuste su plan a medida que cambia el mercado y cambian sus necesidades financieras.

Los primeros pasos para ser financieramente independiente.

La búsqueda de la independencia financiera es un objetivo perseguido por muchas personas, pero no todos saben por dónde empezar. El proceso puede parecer desalentador, pero con unos simples pasos, puede dar sus primeros pasos hacia la libertad financiera.

El primer paso para volverse financieramente independiente es definir sus metas financieras a largo plazo. ¿Qué quieres lograr financieramente en los próximos años? Esto podría incluir el pago de deudas, la compra de una propiedad, la creación de un fondo de emergencia o la inversión para la jubilación. Es importante tener claros tus objetivos para poder trazar un plan de acción.

El segundo paso es tomar el control de sus finanzas. Esto incluye el seguimiento de sus gastos y la identificación de áreas en las que puede ahorrar. Realice una encuesta de todos sus gastos mensuales y vea dónde puede reducir los costos. Podría ser algo tan simple como reducir la frecuencia con la que come fuera de casa o cancelar las suscripciones que ya no usa.

El tercer paso es establecer un presupuesto. Defina cuánto puede gastar en cada categoría de gastos y siga estrictamente ese plan. Es importante reservar una parte de los ingresos para inversiones o ahorros.

El cuarto paso es empezar a invertir. Intente comprender las diferentes opciones de inversión disponibles y elija la que mejor se adapte a sus objetivos y perfil de riesgo. Recuerda diversificar tus inversiones, esto ayuda a reducir riesgos y aumentar las ganancias.

El quinto paso es mantener la disciplina financiera y concentrarse en sus objetivos. Eso significa evitar gastos innecesarios, mantener tus finanzas en orden y seguir invirtiendo en tu educación financiera. Con el tiempo, sus esfuerzos de ahorro e inversión comenzarán a acumularse, lo que le permitirá lograr la independencia financiera y la libertad de tomar decisiones financieras más conscientes y seguras.

Recuerde que el proceso de volverse financieramente independiente es un viaje, no una carrera. Toma tiempo y esfuerzo, pero es posible alcanzar sus metas financieras con paciencia, disciplina y perseverancia.

Cómo establecer metas financieras realistas y alcanzables.

Establecer metas financieras es una parte esencial de la gestión de las finanzas personales. Sin metas claras, es fácil perderse en el camino y gastar dinero innecesariamente. Sin embargo, es importante establecer metas realistas y alcanzables para evitar sentirse desanimado o frustrado.

El primer paso para establecer metas financieras es identificar qué es importante para usted y cuáles son sus prioridades. Algunas personas pueden querer ahorrar dinero para un viaje, mientras que otras pueden querer ahorrar para comprar una casa o jubilarse. Independientemente del objetivo, es importante que establezca metas específicas y medibles.

Una vez que haya identificado sus objetivos, es importante crear un plan de acción para alcanzarlos. Esto puede incluir la creación de un presupuesto, la reducción de gastos innecesarios y la consideración de formas de ganar dinero extra. También puede incluir el establecimiento de plazos realistas para sus objetivos, en función de sus recursos financieros actuales.

Además, es importante ser flexible y adaptar sus planes a medida que cambien sus circunstancias financieras. Si descubre que sus metas se están volviendo inalcanzables, es posible que deba ajustarlas o posponer su consecución.

Recuerde que alcanzar sus metas financieras puede requerir tiempo y esfuerzo, pero los resultados valen la pena. Al establecer metas realistas y alcanzables y crear un plan de acción para lograrlas, estará bien encaminado hacia una vida financiera más segura y estable.

Consejos para administrar sus gastos y controlar su presupuesto.

Manejar sus gastos y controlar su presupuesto es una habilidad importante para tener una vida financiera saludable. Con algunos consejos simples, puede comenzar a administrar sus finanzas de manera más eficiente y evitar deudas innecesarias.

El primer paso para administrar tus gastos es tener una idea clara de cuánto dinero tienes disponible cada mes. Comience por registrar todas sus fuentes de ingresos y gastos en una hoja de cálculo. Esto le permitirá visualizar a dónde va su dinero e identificar áreas donde puede ahorrar.

Una vez que tengas una idea clara de tus ingresos y gastos, es hora de crear un presupuesto. Esto implica establecer metas para sus gastos mensuales en varias categorías, como vivienda, transporte, comida y entretenimiento. Asegúrate de que tus objetivos sean realistas y reflejen tus valores y prioridades personales.

Una vez que tenga un presupuesto, es importante realizar un seguimiento de sus gastos para asegurarse de que se mantiene dentro de sus objetivos mensuales. Existen muchas aplicaciones de finanzas personales que pueden ayudarlo a realizar un seguimiento de sus gastos en tiempo real e incluso enviarle notificaciones cuando se esté acercando a sus límites.

Otro consejo importante para administrar sus gastos es reducir los gastos innecesarios. Esto podría implicar reducir sus gastos de entretenimiento, reducir el uso de tarjetas de crédito o reducir los servicios de suscripción que no usa regularmente. Aprovecha las oportunidades de ahorrar en alimentos eligiendo opciones más económicas en el supermercado, preparando comidas en casa y evitando comer fuera de casa con regularidad.

Finalmente, es importante contar con un plan para ahorrar dinero para emergencias y objetivos a largo plazo, como ser dueño de una casa o una jubilación cómoda. Asegúrese de incluir una cantidad fija en su presupuesto de ahorro y trabaje para aumentarla con el tiempo.

Administrar sus gastos y controlar su presupuesto es clave para una vida financiera saludable. Con un poco de planificación y disciplina, puede establecer metas realistas, reducir gastos innecesarios y ahorrar dinero para el futuro.

Cómo encontrar las mejores ofertas en servicios financieros como automóviles y seguros de salud.

Encontrar las mejores ofertas en servicios financieros puede ser un desafío, pero con un poco de investigación y paciencia, puede ahorrar mucho dinero. Algunas de las áreas más importantes a considerar son el seguro de automóvil, la salud y las cuentas bancarias. Aquí hay algunos consejos para encontrar las mejores ofertas en cada una de estas áreas:

Seguro de automóvil: la mejor manera de encontrar una buena oferta de seguro de automóvil es darse una vuelta y comparar cotizaciones de diferentes compañías de seguros. Asegúrese de comparar las coberturas y los deducibles ofrecidos, así como las tarifas de las primas. Además, considere ajustar su plan de seguro para reducir los costos, como aumentar su deducible u optar por una cobertura de responsabilidad más baja.

Salud: Si está buscando un plan de salud más económico, considere las opciones disponibles en el mercado. Puede optar por un plan de salud compartido, que puede proporcionar una cobertura más económica para usted y su familia.

Cuentas bancarias: consulte las tasas de interés y las tarifas de mantenimiento en varias cuentas bancarias para encontrar la mejor oferta. Además, considere usar una cuenta digital, que puede ofrecer tarifas más bajas o incluso ninguna tarifa. Asegúrese de revisar también las promociones de cuentas nuevas que los bancos pueden ofrecer, como bonos en efectivo o tarifas reducidas por un período de tiempo determinado.

En todas las áreas, es importante leer la letra pequeña y verificar los costos ocultos. Además, asegúrese de que el plan que elija satisfaga sus necesidades específicas. Con un poco de esfuerzo e investigación, puede ahorrar mucho dinero en los principales servicios financieros.

Cómo ahorrar dinero al comprar comestibles y otras necesidades.

Ahorrar dinero al comprar comestibles y otras necesidades es una tarea importante para mantener sus finanzas personales bajo control. Aquí hay algunos consejos que pueden ayudarlo a ahorrar dinero mientras compra.

Haz una lista de la compra: Antes de ir al supermercado, haz una lista de todo lo que necesitas. Esto ayuda a evitar compras innecesarias y evita gastos extra.

Compre alimentos de temporada: Los alimentos de temporada tienden a ser más baratos y frescos. Además, puedes aprovechar las promociones de temporada.

Busca descuentos: Consulta los folletos de venta de los supermercados y utiliza los cupones para aprovechar los descuentos en alimentos y otros productos.

Compra al por mayor: comprar artículos al por mayor, como arroz, pasta y frijoles, puede ser más rentable a largo plazo.

Evite las compras impulsivas: Las compras impulsivas pueden aumentar sus gastos. Si ve algo que desea comprar, agréguelo a su lista de deseos y espere hasta que realmente pueda pagarlo.

Compre al por mayor: comprar productos al por mayor puede ser una buena manera de ahorrar dinero, pero asegúrese de que realmente necesita la cantidad que está comprando.

No vayas al supermercado con hambre: Ir de compras con hambre puede llevarte a comprar alimentos innecesarios y más caros.

Evite el desperdicio de alimentos: Planifique sus comidas con anticipación y use las sobras de comidas anteriores para evitar el desperdicio de alimentos.

Compre marcas genéricas: las marcas genéricas suelen ser más baratas y, a menudo, tan buenas como las marcas reconocidas.

Usa tarjetas de fidelización: Muchos supermercados ofrecen tarjetas de fidelización que te permiten acumular puntos que puedes canjear por descuentos u otros beneficios.

Al seguir estos sencillos consejos, puede ahorrar dinero al comprar comestibles y otras necesidades, lo que puede ayudarlo a mantener sus finanzas personales en orden. Recuerda siempre planificar tus compras con anticipación y evita las compras impulsivas para mantener sanas tus finanzas.

La importancia de mantener registros financieros precisos y actualizados.

Mantener registros financieros precisos y actualizados es esencial para mantener las finanzas personales en orden. Esto implica realizar un seguimiento de sus gastos, ingresos, deudas e inversiones. Tener un registro claro y organizado de sus finanzas puede ayudarlo a tomar decisiones más informadas sobre cómo gastar su dinero y dónde invertirlo.

Hay muchas maneras de mantener registros financieros precisos y actualizados. Una opción es usar una aplicación de finanzas personales para registrar sus transacciones y categorizarlas automáticamente. Estas aplicaciones pueden ayudarlo a visualizar sus gastos e ingresos de manera clara y concisa, lo que le permite identificar áreas en las que puede ahorrar dinero o invertir más.

Otra opción es llevar un registro manual de sus finanzas. Esto se puede hacer con un cuaderno o una hoja de cálculo, donde anota todas las transacciones y las clasifica manualmente. Si bien este enfoque puede llevar más tiempo, puede ser útil para aquellos que prefieren un enfoque más práctico y personalizado.

Cualquiera que sea el método que elija, es importante mantener actualizados sus registros financieros. Esto implica monitorear sus gastos e ingresos regularmente y asegurarse de que todas las transacciones se registren con precisión. Además, es importante revisar sus registros periódicamente para asegurarse de que sus finanzas estén encaminadas.

Mantener registros financieros precisos y actualizados puede ser un proceso desafiante, pero es un paso importante para lograr la estabilidad financiera y la tranquilidad. Al comprender cómo gasta su dinero y dónde están sus inversiones, puede tomar decisiones más informadas y mejorar su situación financiera a largo plazo.

Cómo crear un fondo de emergencia para prepararse para imprevistos financieros.

Crear un fondo de emergencia es uno de los pasos más importantes que puede tomar para proteger su vida financiera. Tener un fondo de emergencia adecuado puede ayudar a cubrir gastos inesperados, como reparaciones de automóviles, facturas médicas, pérdida de empleo u otras emergencias financieras.

Para comenzar a construir un fondo de emergencia, debe definir cuánto dinero desea ahorrar y cuánto tiempo desea alcanzar esa meta. Una buena regla general es ahorrar lo suficiente para cubrir de tres a seis meses de gastos esenciales. Esto incluye alojamiento, comida, transporte y otros costos esenciales.

Para controlar sus gastos y ahorrar dinero para su fondo de emergencia, es importante crear un presupuesto realista y ceñirse a él. Comience por registrar todos sus gastos, incluidas las compras pequeñas, para tener una idea clara de dónde se gasta su dinero. Luego, analice sus gastos y encuentre áreas en las que pueda reducir el gasto. Esto puede incluir cosas como comer fuera con menos frecuencia, cancelar suscripciones a servicios que no usa con frecuencia y optar por marcas más baratas.

Para aumentar sus ahorros, considere otras formas de ingresos, como trabajos independientes o temporales. El dinero adicional que gane puede destinarse al fondo de emergencia.

Recuerde que crear un fondo de emergencia no es una tarea fácil y puede llevar tiempo y sacrificio. Pero a medida que busca aumentar sus ahorros y controlar sus gastos, estará dando pasos importantes hacia su independencia financiera y asegurando su tranquilidad financiera en el futuro.

La importancia de comprender su puntaje de crédito y cómo mejorarlo.

Conocer su puntaje crediticio y trabajar para mejorarlo puede ser una de las cosas más importantes que puede hacer por su salud financiera. El puntaje crediticio es una medida de qué tan bien administra sus finanzas y qué tan confiable es con los acreedores. Tener un buen puntaje crediticio puede ayudarlo a obtener préstamos con tasas de interés más bajas y mejores condiciones de pago, mientras que un puntaje crediticio bajo puede dificultar la obtención de crédito y puede conducir a tasas de interés más altas y menos oportunidades de préstamo.

Hay varias cosas que puede hacer para mejorar su puntaje de crédito. Primero, es importante saber qué está afectando su puntaje de crédito. Si tiene una deuda atrasada, pagos atrasados o una gran cantidad de deuda pendiente, puede afectar negativamente su puntaje de crédito. Revise su informe de crédito para ver cuál es su posición con respecto a estos factores.

Una de las cosas más importantes que puede hacer para mejorar su puntaje de crédito es hacer los pagos oportunos de sus deudas. Si tiene deudas atrasadas o pagos atrasados, trabaje para ponerse al día con sus facturas lo más rápido posible. Si tiene dificultades para pagar sus deudas, comuníquese con sus acreedores y vea si puede negociar un plan de pago que funcione mejor para usted.

Además, trate de mantener los saldos de sus tarjetas de crédito bajos en relación con su límite de crédito. Esto puede ayudar a mejorar su puntaje crediticio y mostrarles a los acreedores que usted es responsable con su dinero. También trate de evitar abrir demasiadas cuentas de crédito al mismo tiempo, ya que esto puede afectar negativamente su puntaje de crédito.

Finalmente, asegúrese de monitorear su puntaje de crédito regularmente y trabaje para mejorarlo con el tiempo. Incluso pequeños cambios en su puntaje crediticio pueden marcar una gran diferencia a largo plazo, por lo que es importante estar al tanto y trabajar continuamente para mejorarlo. Con algunos consejos y hábitos saludables de finanzas personales, puede mejorar su puntaje de crédito y aumentar sus posibilidades de éxito financiero a largo plazo.

Los riesgos de involucrarse en deudas de tarjetas de crédito y cómo evitarlos.

La tarjeta de crédito puede ser una gran aliada en la vida financiera, pero hay que tener cuidado de no endeudarse que pueda perjudicar tu situación financiera. La acumulación de deudas de tarjetas de crédito puede ser un gran riesgo, ya que las altas tasas de interés pueden generar deudas que crecen rápidamente y pueden tardar años en pagarse.

Para evitar estos riesgos, es importante tener control sobre sus gastos y establecer un límite máximo para los gastos de tarjetas de crédito. Es fundamental que tengas una visión clara de tus finanzas, evitando así gastos innecesarios y descontrolados. Mantenga un presupuesto, establezca límites para cada categoría de gastos y realice un seguimiento de esos gastos para saber exactamente cuánto dinero se gasta en su tarjeta de crédito.

Otra estrategia importante es pagar la factura de su tarjeta de crédito en su totalidad siempre que sea posible, evitando cargos por intereses. Si no puede pagar la factura en su totalidad, siempre debe pagar más del mínimo, evitando que la deuda sea aún mayor.

Para evitar las deudas de tarjetas de crédito, también es importante no utilizar su tarjeta como fuente de financiación. La tarjeta de crédito no es una forma de obtener préstamos, sino una herramienta de conveniencia para pagar las compras más tarde. Solo use su tarjeta de crédito para compras que pueda pagar en la factura del próximo mes.

Cuando utilice la tarjeta de crédito, recuerde también verificar las tarifas y los cargos aplicables, como los intereses y las tarifas anuales. Compara las diferentes tarjetas de crédito disponibles y elige la que mejor se adapte a tus necesidades y presupuesto.

Es importante tener cuidado al usar su tarjeta de crédito para evitar deudas innecesarias y pérdidas financieras. Mantenga un presupuesto, realice un seguimiento de sus gastos, pague su factura en su totalidad siempre que sea posible, evite usar su tarjeta como fuente de financiación y verifique las tarifas y los cargos aplicables. Con estas medidas podrás evitar riesgos y disfrutar de los beneficios de tu tarjeta de crédito de forma más consciente y segura.

Los riesgos de los préstamos personales y cómo evitarlos.

Los préstamos personales pueden ser una opción tentadora para aquellos que necesitan dinero extra rápidamente, pero es importante ser consciente de los riesgos asociados con este tipo de préstamo. Los préstamos personales a menudo tienen tasas de interés más altas que otros tipos de préstamos, lo que puede generar pagos mensuales más altos y costos totales más altos con el tiempo.

Además, los préstamos personales generalmente se ofrecen sin garantía, lo que significa que no es necesario proporcionar una garantía, como una casa o un automóvil, para obtener el préstamo. Esto puede hacer que sean más fáciles de obtener, pero también significa que el prestamista asume un mayor riesgo, lo que puede resultar en tasas de interés más altas para compensar ese riesgo.

Para evitar los riesgos asociados con los préstamos personales, es importante investigar y elegir cuidadosamente un prestamista confiable con tasas de interés razonables. Asegúrese de leer detenidamente los términos y condiciones del préstamo antes de firmar cualquier cosa, incluidas las tasas de interés, los cargos de originación y los cargos por pagos atrasados. Además, asegúrese de poder pagar el préstamo dentro del plazo acordado para evitar pagos atrasados o perdidos que podrían afectar negativamente su puntaje de crédito y generar cargos adicionales.

Otra forma de evitar los riesgos asociados con los préstamos personales es considerar otras opciones de financiación, como los préstamos garantizados, como un préstamo garantizado para automóviles o un préstamo hipotecario garantizado. Estos tipos de préstamos suelen tener tasas de interés más bajas, ya que la garantía reduce el riesgo para el prestamista. Además, es importante tener un presupuesto sólido y planificar con anticipación para evitar la necesidad de préstamos personales de emergencia.

Los préstamos personales pueden ser una opción conveniente para aquellos que necesitan dinero extra, pero es importante ser consciente de los riesgos y elegir cuidadosamente un prestamista confiable con tasas de interés razonables. Considere otras opciones de financiamiento y planifique con anticipación para evitar la necesidad de préstamos personales de emergencia.

Cómo lidiar con la presión social para gastar dinero en cosas caras.

La presión social para gastar dinero en cosas costosas es común, especialmente en las redes sociales, donde muchas personas comparten sus aparentemente perfectas y lujosas vidas. Sin embargo, esta presión puede conducir a serios problemas financieros si no sabes cómo lidiar con ella.

Aquí hay algunos consejos útiles para ayudarlo a lidiar con la presión social y mantener sus finanzas en orden:

Establezca sus propias prioridades financieras: antes de ceder a la presión social, establezca sus propias prioridades financieras y concéntrese en lo que es importante para usted. Decide dónde quieres invertir tu dinero y evita gastarlo en cosas innecesarias.

Evite las comparaciones: es fácil compararse con otras personas, pero esto solo aumenta la presión y el estrés financiero. Recuerda que cada persona tiene sus propias circunstancias económicas y no es justo compararlas.

Comprenda el costo real: cuando vea que otras personas gastan mucho dinero en algo, es importante recordar que este es solo el costo aparente. Hay muchos otros costos ocultos que pueden afectar sus finanzas, como el mantenimiento, los impuestos y otros gastos relacionados.

Aprenda a decir que no: si no puede pagar algo o simplemente no cree que valga la pena, aprenda a decir que no. Tus amigos y familiares deben respetar tu decisión.

Encuentre formas alternativas de divertirse: en lugar de gastar dinero en actividades costosas, busque formas alternativas de divertirse, como hacer un picnic, jugar juegos de mesa o salir a caminar.

Cree un presupuesto realista: un presupuesto realista puede ayudarlo a evitar gastos innecesarios y mantener sus finanzas bajo control. Asegúrese de incluir tanto los gastos fijos como los variables y reserve una cantidad para ahorros y emergencias.

Lidiar con la presión social para gastar dinero puede ser difícil, pero con las estrategias correctas, puede mantener sus finanzas sanas y vivir una vida financiera feliz y equilibrada. Recuerde que sus finanzas son importantes y cómo las usa depende de usted.

Consejos para ahorrar dinero en entretenimiento como películas y conciertos.

Salir a divertirse puede ser una excelente manera de relajarse y pasar tiempo con amigos y familiares, pero a menudo puede ser costoso. Sin embargo, hay formas de ahorrar dinero en entretenimiento como películas y conciertos sin sacrificar la diversión. Aquí hay algunos consejos:

Busque ofertas: los cines y los lugares de música a menudo ofrecen descuentos en ciertos días de la semana o para estudiantes y personas mayores. Esté atento a estas ofertas y ahorre dinero en la entrada.

Considere la hora del día: algunos teatros y espectáculos ofrecen precios más bajos para los espectáculos matutinos o entre semana cuando hay menos demanda. Esta puede ser una excelente manera de ahorrar dinero en entretenimiento.

Consulte los sitios web de descuentos: sitios web que ofrecen descuentos en varios eventos y actividades, incluidas entradas para conciertos y películas. Consulte regularmente estos sitios para encontrar ofertas que puedan ser de su interés.

Compre boletos grupales: comprar boletos en grupo puede generar descuentos, así que reúna a sus amigos y familiares y aproveche las tarifas con descuento.

Considere alternativas: en lugar de ir al cine, considere alquilar una película o ver un programa de televisión en casa. Puede ahorrar mucho dinero de esta manera, además tiene la comodidad de mirar desde la comodidad de su hogar.

Traiga su propia comida: algunos teatros le permiten traer su propia comida y bebida. Esto puede ahorrarle mucho dinero, ya que la comida y las bebidas que se venden en los cines suelen ser muy caras.

Esté atento a los conciertos gratuitos: muchas ciudades tienen eventos gratuitos como conciertos al aire libre y festivales culturales. Estos eventos pueden ser una gran manera de ahorrar dinero en entretenimiento.

aplicaciones de devolución de efectivo : algunas aplicaciones, como Méliuz , ofrecen devolución de efectivo en compras en línea y en persona, incluidas entradas de cine y conciertos. Utilice estas aplicaciones para ahorrar dinero en sus actividades de entretenimiento.

Ahorrar dinero en entretenimiento puede ser un desafío, pero con estos consejos, puede disfrutar del tiempo libre sin sacrificar su presupuesto. Recuerde siempre investigar y buscar opciones más económicas antes de decidir gastar dinero en diversión.

Consejos para ahorrar dinero en servicios de suscripción como Netflix y Spotify.

Con la popularidad cada vez mayor de los servicios de suscripción, puede ser difícil resistir la tentación de suscribirse a varios de ellos. Sin embargo, estas suscripciones pueden acumularse rápidamente y convertirse en un gasto significativo en su presupuesto. Afortunadamente, existen formas de ahorrar dinero en los servicios de suscripción sin sacrificar el entretenimiento que ofrecen. Estos son algunos consejos que le ayudarán a ahorrar en los servicios de suscripción.

elegir sabiamente

Antes de suscribirse a cualquier servicio de suscripción, asegúrese de que realmente se adapte a sus necesidades y que sea algo que usará con frecuencia. Considere si es algo que puede compartir con otros, como amigos o familiares, para dividir el costo.

busca descuentos

Muchos servicios de suscripción ofrecen descuentos para estudiantes, militares o aquellos que se registran por un período más largo, como un año completo. Busca estos descuentos y aprovéchalos para ahorrar dinero.

Negocia tu suscripción

Muchos servicios de suscripción están dispuestos a negociar precios con sus clientes leales. Póngase en contacto con la empresa y pregunte si tienen algún descuento o promoción disponible para usted.

usar tarjetas de regalo

Si desea realizar un seguimiento de cuánto gasta en servicios de suscripción, considere usar tarjetas de regalo en lugar de una suscripción recurrente. De esa manera, puede establecer un límite de gasto y no preocuparse por olvidarse de cancelar la suscripción cuando ya no lo esté usando.

Revisa tus suscripciones regularmente

Revise sus suscripciones regularmente para asegurarse de que todavía las está usando y disfrutando de cada una. Si hay algún servicio que ya no usa, cancélelo para ahorrar dinero.

Comparte con amigos o familiares

Si conoce a amigos o familiares que también usan el mismo servicio de suscripción, considere compartir la cuenta con ellos para dividir el costo. Muchos servicios de transmisión, por ejemplo, le permiten crear diferentes perfiles para cada usuario.

Ahorrar dinero en los servicios de suscripción requiere un poco de planificación y esfuerzo, pero puede sumar grandes ahorros con el tiempo. Asegúrese de elegir sabiamente, busque descuentos, negocie su suscripción, use tarjetas de regalo, revise sus suscripciones regularmente y comparta con amigos o familiares siempre que sea posible. Con estos consejos, puede disfrutar de todos los beneficios de los servicios de suscripción sin gastar más de lo necesario.

Consejos para ahorrar dinero en viajes y alojamiento.

Viajar es una de las mejores formas de enriquecer tu vida con experiencias culturales y diversión, pero puede ser costoso. Afortunadamente, hay muchas maneras de ahorrar dinero en viajes y alojamiento sin sacrificar la calidad de su experiencia. Aquí hay algunos consejos para ayudarlo a ahorrar dinero en sus viajes:

Planifique con anticipación: cuanto antes comience a planificar su viaje, más tiempo tendrá para encontrar las mejores ofertas en pasajes aéreos, hoteles y visitas turísticas.

Sea flexible con las fechas: las fechas más populares suelen ser más caras, por lo que si tiene cierta flexibilidad, intente viajar en días menos ocupados.

Considere un alojamiento alternativo: en lugar de quedarse en un hotel, considere alquilar un apartamento o una casa de vacaciones a través de sitios como Airbnb, que a menudo ofrecen tarifas más asequibles.

Use millas y puntos: muchas tarjetas de crédito ofrecen programas de recompensas que le permiten acumular millas y puntos para usar en viajes. Asegúrese de verificar si su tarjeta de crédito ofrece este tipo de programa.

Investigue las opciones de transporte: en lugar de usar siempre taxis o alquilar un automóvil, considere usar el transporte público o aplicaciones de transporte como Uber o Lyft, que pueden ser más económicas.

Compre boletos con anticipación: si planea visitar atracciones turísticas populares, compre boletos con anticipación en línea para ahorrar dinero y evitar filas.

Coma como un local: en lugar de comer siempre en restaurantes turísticos, intente comer en restaurantes locales o compre comida en los supermercados locales.

Además de ahorrar dinero, obtendrá una experiencia más auténtica de la cultura local.

Use cupones de descuento: antes de emprender su viaje, busque en línea para encontrar cupones de descuento para restaurantes, atracciones y transporte.

Siguiendo estos consejos, puede ahorrar dinero en viajes y alojamiento, y aprovechar al máximo sus experiencias de viaje. Recuerde siempre planificar con anticipación, investigar opciones alternativas y ser flexible con las fechas y los detalles de su viaje.

Cómo elegir la mejor tarjeta de crédito para tus necesidades.

Elegir la mejor tarjeta de crédito para sus necesidades puede ser una tarea desafiante. Hay muchos tipos de tarjetas de crédito disponibles, cada una con sus propias ventajas y desventajas. Para ayudarte a tomar la mejor decisión, aquí tienes algunos consejos para elegir la mejor tarjeta de crédito para ti:

Considere sus necesidades de gasto: antes de elegir una tarjeta de crédito, evalúe sus hábitos de gasto. Si gasta mucho dinero en viajes, puede valer la pena elegir una tarjeta que ofrezca millas de aerolíneas o puntos de recompensa. Si es un gran comprador en línea, es posible que desee una tarjeta que ofrezca descuentos en compras en línea. Considere sus necesidades y elija una tarjeta que satisfaga sus demandas.

Consultar tipos de interés: Los tipos de interés pueden variar de una tarjeta a otra, por lo que es importante consultar antes de tomar una decisión. Si planea pagar el saldo de su tarjeta cada mes, la tasa de interés podría no ser una gran preocupación. Sin embargo, si planea mantener un saldo, asegúrese de elegir una tarjeta con una tasa de interés baja.

Verifique las tarifas anuales: muchas tarjetas de crédito tienen una tarifa anual que debe pagar para mantenerla. Asegúrese de comprender estos cargos y considere si el beneficio de la tarjeta supera el costo anual. Si buscas una tarjeta sin cuota anual, hay muchas opciones disponibles en el mercado.

Verifique los beneficios adicionales: algunas tarjetas de crédito ofrecen beneficios adicionales, como seguro de viaje, protección de compras y devolución de efectivo. Asegúrese de verificar qué beneficios se ofrecen con cada tarjeta y elija una que ofrezca beneficios adicionales que sean importantes para usted.

Verifique las políticas de recompensas: si elige una tarjeta de crédito en función de sus recompensas, asegúrese de comprender las políticas de recompensas. Algunas tarjetas de crédito tienen políticas complicadas de puntos o millas aéreas, mientras que otras son más fáciles de entender. Asegúrese de entender cómo puede ganar recompensas y cómo puede usarlas.

Elegir la mejor tarjeta de crédito para tus necesidades es cuestión de entender tus propias necesidades y comparar las opciones disponibles. Con un poco de investigación y evaluación, puede encontrar una tarjeta de crédito que satisfaga sus necesidades y lo ayude a administrar sus finanzas de manera efectiva.

Cómo evitar el fraude financiero y proteger su información personal.

En estos días, es más importante que nunca proteger su información financiera y personal. Con el auge de la tecnología y las transacciones en línea, la posibilidad de fraude y robo de identidad ha aumentado significativamente. Es importante ser consciente de los riesgos y tomar medidas preventivas para proteger su seguridad financiera.

Estos son algunos consejos para evitar el fraude financiero y proteger su información personal:

No comparta información personal con extraños: Nunca comparta su número de Seguro Social, información bancaria o números de tarjetas de crédito con extraños, especialmente si usted no inició la conversación.

Verifique sus cuentas con frecuencia: verifique sus cuentas regularmente para asegurarse de que todas las transacciones sean legítimas. Si nota alguna actividad sospechosa, notifique a su institución financiera de inmediato.

Use contraseñas seguras: use contraseñas seguras y diferentes para cada cuenta. Evite contraseñas obvias como fechas de nacimiento o apellidos.

Utilice protección antivirus: Instale software de seguridad y protección antivirus en todos sus dispositivos. Manténgalos actualizados para garantizar la protección más reciente.

Tenga cuidado con las estafas por correo electrónico: nunca responda a los correos electrónicos que solicitan información personal o financiera. No haga clic en enlaces sospechosos ni descargue archivos adjuntos de correo electrónico de remitentes desconocidos.

Use redes Wi-Fi seguras: evite usar redes Wi-Fi públicas para transacciones financieras o compartir información personal. Utilice redes Wi-Fi seguras o conexiones móviles para garantizar la seguridad.

Mantenga su información personal actualizada: revise periódicamente su información personal y financiera y actualícela según sea necesario. Esto incluye sus direcciones, números de teléfono y direcciones de correo electrónico.

Tenga cuidado al comprar en línea: compre solo en sitios seguros y confiables. Asegúrese de que el sitio tenga un ícono de candado en la barra de direcciones y que comience con "https".

Tenga cuidado con los dispositivos de skimming : los dispositivos de skimming se utilizan para robar información de tarjetas de crédito o débito. Revise regularmente las máquinas de tarjetas en cajeros automáticos y estaciones de servicio para detectar signos de manipulación.

Infórmese sobre las estafas financieras: manténgase actualizado sobre las estafas financieras más comunes y aprenda cómo evitarlas. Tenga cuidado con las estafas telefónicas, los correos electrónicos falsos de la empresa, el phishing y otras tácticas utilizadas por los estafadores.

La protección de su información financiera y personal es crucial para garantizar su seguridad financiera. Al seguir estos consejos, puede ayudar a prevenir el fraude financiero y mantener segura su información. Recuerde que más vale prevenir que curar, por eso manténgase siempre alerta y tome medidas preventivas para proteger su información personal.

Los beneficios y desafíos de vivir solo después de la graduación.

Vivir solo es uno de los mayores logros para muchos jóvenes graduados. Es una oportunidad para una mayor independencia y responsabilidad, pero también conlleva sus propios desafíos, especialmente los financieros.

El primer paso es establecer un presupuesto realista. Deberá considerar el costo de vida, incluidos el alquiler, los servicios públicos, la comida y otros gastos. Asegúrese de incluir una cantidad para gastos de emergencia, como reparaciones en el hogar o gastos médicos imprevistos.

Una vez que haya establecido su presupuesto, es hora de comenzar a realizar un seguimiento de sus gastos. Hacer un seguimiento de sus gastos diarios puede ser tedioso, pero es esencial para asegurarse de que está viviendo dentro de sus posibilidades. Una forma de hacerlo es mediante el uso de una aplicación de finanzas, que lo ayudará a categorizar sus gastos y controlar sus gastos.

Además, deberá considerar sus objetivos financieros a largo plazo, como ahorrar para una casa, un automóvil o un viaje. Comience por establecer metas financieras realistas y trabaje para alcanzarlas. Esto podría implicar ahorrar una cantidad específica de dinero cada mes, invertir en acciones o fondos mutuos, o buscar otras formas de aumentar sus ingresos.

Sin embargo, es importante recordar que vivir solo no es la única opción disponible. Compartir un apartamento con amigos o familiares puede ser una opción más económica y puede ahorrar dinero dividiendo las facturas de alquiler, los servicios públicos y otros costos.

Vivir solo después de la graduación puede ser emocionante, pero también puede ser un desafío financiero. Con una planificación cuidadosa, un control de los gastos y metas financieras realistas, puede lograr la independencia financiera y aprovechar al máximo esta nueva etapa de la vida.

Los pros y los contras de vivir en casa con tus padres después de la graduación.

Vivir con los padres después de la graduación es una opción que muchos jóvenes consideran. Hay ventajas y desventajas en esta decisión y es importante sopesar cuidadosamente las opciones antes de decidir.

Uno de los principales beneficios de vivir con los padres después de la graduación es el ahorro de dinero. Si no tiene que pagar el alquiler o las facturas de servicios públicos, puede ahorrar una cantidad significativa de dinero. Esto puede ayudarlo a ahorrar para la compra de una casa, un automóvil o para pagar una deuda.

Vivir con los padres también puede ser una oportunidad para fortalecer los lazos familiares. Cuando vives en casa, tienes más tiempo para pasar con tus padres y puedes ayudar con las tareas del hogar, como cocinar y limpiar. Además, muchos padres aprecian tener a sus hijos en casa después de la graduación, lo que puede mejorar las relaciones familiares.

Sin embargo, vivir con los padres puede tener desventajas. Uno de los principales desafíos es la falta de independencia y privacidad. Cuando vives con tus padres, es probable que tengas menos libertad para hacer lo que quieras, ya que aún tendrás que seguir las reglas de la casa de tus padres. Además, puede ser difícil sentirse independiente y adulto cuando todavía vives con tus padres.

Otra desventaja de vivir con los padres es que puede limitar sus oportunidades de socializar y relacionarse con otras personas de su misma edad. Si tus amigos viven en otro lugar o no se sienten cómodos visitándote en casa, puede ser difícil mantener las relaciones sociales.

En resumen, vivir con los padres después de la graduación puede ser una opción viable para ahorrar dinero y fortalecer los lazos familiares. Sin embargo, puede tener desventajas en cuanto a independencia, privacidad y socialización. Depende de cada persona evaluar estos factores y tomar una decisión informada.

Cómo equilibrar sus prioridades financieras a corto y largo plazo.

Cuando se trata de administrar sus finanzas personales, puede ser un desafío equilibrar sus prioridades a corto y largo plazo. A corto plazo, es posible que le preocupe pagar sus cuentas, lidiar con deudas o recaudar dinero para una gran compra. Por otro lado, a la larga, es posible que esté pensando en jubilarse o ahorrar para una casa propia. Equilibrar estas prioridades puede ser difícil, pero es esencial para asegurarse de que va por buen camino para alcanzar sus metas financieras.

Aquí hay algunos consejos para ayudarlo a equilibrar sus prioridades financieras a corto y largo plazo:

Cree un presupuesto: un presupuesto es esencial para ayudarlo a administrar sus gastos y asegurarse de que está ahorrando suficiente dinero para alcanzar sus objetivos financieros a largo plazo. Analice sus gastos e ingresos y establezca límites para sus gastos en diferentes categorías. Asegúrese de reservar una cantidad adecuada para ahorrar para el futuro.

Prioriza tus deudas: si tienes deudas, prioriza pagar primero las que tengan las tasas de interés más altas. Al pagar las deudas más caras, ahorrará dinero en intereses a largo plazo y podrá liberar más dinero para ahorrar e invertir en el futuro.

Ahorre para emergencias: tener un fondo de emergencia es esencial para hacer frente a circunstancias financieras imprevistas, como la pérdida del trabajo, una enfermedad o reparaciones inesperadas en el hogar o el automóvil. Trate de ahorrar de tres a seis meses de gastos en una cuenta de ahorros separada.

Invierta para el futuro: si tiene objetivos financieros a largo plazo, como la jubilación o el ahorro para una casa, considere invertir en una cuenta de jubilación u otras opciones de inversión. Invertir a largo plazo puede ayudarlo a alcanzar sus metas financieras más rápido que simplemente ahorrar en una cuenta de ahorros.

No olvides vivir el presente: Si bien es importante ahorrar y planificar para el futuro, no olvides vivir el presente. Reserve dinero para actividades divertidas y pasatiempos, y logre un equilibrio saludable entre gastar y ahorrar.

Equilibrar sus prioridades financieras a corto y largo plazo puede ser un desafío, pero es esencial para asegurarse de que va por buen camino para alcanzar sus metas financieras. Con una planificación cuidadosa y el compromiso de ahorrar e invertir para el futuro, puede lograr la seguridad financiera que desea.

Las ventajas de empezar a invertir pronto y cómo empezar a invertir.

Invertir es una de las mejores maneras de hacer que su dinero trabaje para usted y crear riqueza a largo plazo. Y si es joven y acaba de graduarse de la universidad, este es el momento perfecto para comenzar a invertir.

Aquí hay algunas ventajas de comenzar a invertir temprano:

Más tiempo para el crecimiento de la riqueza: cuando comienza a invertir antes, tiene más tiempo para aprovechar el poder de la capitalización. Esto significa que su dinero crecerá más rápido y tendrá más capital con el tiempo.

Menos presión para invertir grandes cantidades: Comenzar a invertir temprano significa que no tiene que invertir grandes cantidades de dinero para tener un impacto significativo en su patrimonio neto. Pequeñas inversiones regulares pueden convertirse en grandes cantidades de dinero con el tiempo.

Mayor tolerancia al riesgo: cuando es joven, generalmente puede permitirse correr más riesgos con su dinero, ya que tiene más tiempo para recuperarse de cualquier pérdida. Esto puede conducir a mayores rendimientos con el tiempo.

Algunas formas de empezar a invertir:

Abra una cuenta de corretaje: para invertir en acciones, bonos o fondos mutuos, deberá abrir una cuenta de corretaje con una correduría acreditada. Investigue y encuentre una agencia de corretaje que satisfaga sus necesidades y ofrezca tarifas razonables.

Invierta en fondos indexados: si no tiene el tiempo o el conocimiento para elegir acciones individuales, considere invertir en fondos indexados. Estos fondos invierten en una amplia variedad de acciones y pueden ofrecer buenos rendimientos a largo plazo.

Comience con un plan de inversión: Cree un plan de inversión que defina sus metas financieras, su nivel de riesgo y su plazo de inversión. Esto le ayudará a mantenerse encaminado y a evitar decisiones de inversión impulsivas.

Considere la inversión automatizada: muchas casas de bolsa ofrecen servicios de inversión automatizados que invierten automáticamente su dinero en fondos mutuos según su perfil de riesgo. Esta puede ser una gran opción si eres nuevo en la inversión y no estás seguro de por dónde empezar.

Comenzar a invertir temprano puede ser la clave para construir un patrimonio neto sólido y alcanzar sus objetivos financieros a largo plazo. Recuerde investigar, tener un plan y ser consistente con sus inversiones a lo largo del tiempo.

Capítulo 3: Sobre el enriquecimiento.

Importancia de la planificación financiera para generar riqueza

Para lograr la riqueza financiera, se necesita mucho más que solo ganar dinero. Es necesario contar con una planificación financiera sólida y estratégica, capaz de orientar decisiones sobre inversiones y gastos de manera inteligente y consciente.

La planificación financiera es el proceso de establecer objetivos financieros, crear un plan de acción para lograrlos y monitorear el progreso regularmente. Es una actividad esencial para cualquier persona que busque generar riqueza a largo plazo porque le permite controlar sus finanzas y evitar gastos innecesarios.

El primer paso en la planificación financiera es establecer sus metas financieras. Esto puede incluir objetivos a corto plazo, como ahorrar para un viaje, y objetivos a largo plazo, como jubilarse con una cantidad de dinero acumulada. Una vez que haya establecido sus objetivos, debe crear un plan de acción para alcanzarlos.

El plan de acción debe incluir un presupuesto que le permita ahorrar dinero e invertir en activos que generen rendimientos financieros. También es importante tener en cuenta factores como su tolerancia al riesgo y los plazos para lograr sus objetivos financieros.

Al establecer un plan de acción y monitorear regularmente el progreso, podrá ajustar el plan según sea necesario y asegurarse de estar siempre encaminado para alcanzar sus objetivos financieros.

La creación de riqueza comienza con una planificación financiera sólida y estratégica. Al establecer sus metas financieras, crear un plan de acción y monitorear regularmente el progreso, debe asegurarse de que está tomando decisiones financieras inteligentes y trabajando para alcanzar el éxito financiero a largo plazo. Para esto debes estudiar sobre la formación de riqueza. Invertir en conocimiento es una forma de adquirir riqueza.

La importancia de la educación financiera en la búsqueda de la riqueza.

La educación financiera es uno de los factores más importantes en la búsqueda de la riqueza. Desafortunadamente, muchas personas no tienen acceso a este tipo de conocimiento y terminan enfrentando dificultades financieras a lo largo de sus vidas.

La educación financiera involucra una variedad de conceptos, que incluyen la elaboración de presupuestos, el ahorro, la inversión, la gestión de la deuda y más. Es importante aprender sobre cada uno de estos temas para tener una comprensión completa de cómo funciona el dinero y cómo hacer que el dinero trabaje para usted.

Al aprender sobre finanzas personales, es posible identificar hábitos financieros negativos y trabajar para cambiarlos. Por ejemplo, muchas personas gastan más de lo que ganan, acumulando deudas y socavando su bienestar financiero. Al aprender sobre elaboración de presupuestos y administración de deudas, puede evitar estos problemas y comenzar a ahorrar dinero.

Otra área importante de la educación financiera es la inversión. Muchas personas tienen miedo de invertir porque piensan que es demasiado arriesgado o demasiado complicado. Sin embargo, con el conocimiento adecuado, es posible elegir inversiones inteligentes que pueden ayudar a generar riqueza con el tiempo.

Además, la educación financiera puede ayudarlo a evitar el fraude financiero y tomar decisiones informadas sobre productos financieros como préstamos, tarjetas de crédito y cuentas bancarias.

Es importante recordar que la educación financiera no es algo que se aprende de la noche a la mañana. Es un proceso continuo que requiere compromiso y esfuerzo. Sin embargo, los beneficios a largo plazo de aprender sobre finanzas personales pueden ser enormes y pueden ayudarlo a lograr la independencia financiera.

Los hábitos de los millonarios: ¿Qué hacen diferente para enriquecerse?

Los millonarios no se hacen ricos por casualidad. De hecho, hay hábitos y comportamientos comunes entre muchas de las personas más ricas del mundo que han contribuido significativamente a su riqueza. Estos son algunos de los hábitos de los millonarios que pueden ayudarte a hacerte rico:

Establezca objetivos financieros claros: los millonarios saben lo que quieren y trabajan diligentemente para lograr sus objetivos financieros.

Vivir por debajo de sus posibilidades: los millonarios viven modestamente y ahorran dinero siempre que sea posible. Saben que gastar más de lo que ganan es un camino a la ruina financiera.

Invertir en sí mismos: los millonarios no tienen miedo de gastar dinero en educación, capacitación y desarrollo personal. Saben que invertir en sí mismos es una de las mejores formas de asegurar un futuro financiero sólido.

Invierta en activos financieros: los millonarios invierten en acciones, bienes raíces, bonos y otras formas de inversión que generan rendimientos financieros.

Ten mentalidad emprendedora: Los millonarios nacen emprendedores. Siempre están buscando oportunidades de negocio y no temen asumir riesgos calculados.

Trabaja duro y sé dedicado: los millonarios trabajan incansablemente para alcanzar sus metas financieras. Saben que nada es fácil y están dispuestos a dedicar tiempo y energía para tener éxito.

Ser disciplinado: los millonarios tienen la disciplina necesaria para seguir su plan financiero y evitar gastos innecesarios.

Piense a largo plazo: los millonarios tienen una visión a largo plazo y planifican sus inversiones y gastos en función de sus objetivos financieros a largo plazo.

Los millonarios tienen una serie de hábitos financieros saludables que los han ayudado a alcanzar el éxito financiero. Al seguir estos hábitos, puede estar en camino de construir su propia riqueza financiera.

El papel de la planificación financiera en la búsqueda de la riqueza.

La planificación financiera es una herramienta fundamental para cualquier persona que quiera alcanzar la riqueza y la independencia financiera. Permite a las personas establecer objetivos claros y realistas, trazando un camino para alcanzarlos.

Las personas a menudo no saben exactamente dónde están gastando su dinero y no tienen idea de cómo podrían ahorrar o invertir mejor. Es por eso que la planificación financiera es tan importante. Te ayuda a identificar qué gastos son realmente necesarios, eliminar gastos superfluos y ahorrar dinero para invertir en metas más grandes.

Al crear un plan financiero, es importante comenzar con lo básico, como calcular su presupuesto mensual, establecer metas a corto y largo plazo y establecer un plan de acción. Es necesario tener una visión clara de los recursos disponibles y los gastos necesarios, para identificar posibles recortes de gastos y definir cuánto se destinará a ahorros e inversiones.

Además, es importante tener disciplina y seguir el plan establecido. Esto significa evitar las compras impulsivas, mantener el control de las finanzas personales y buscar alternativas de ingresos, como inversiones y emprendimiento.

Con el tiempo, es posible ajustar el plan financiero e incluir nuevas metas e inversiones, siempre teniendo en cuenta que la búsqueda de la riqueza es un proceso continuo que requiere dedicación, disciplina y paciencia.

La planificación financiera es una herramienta fundamental en la búsqueda de riqueza e independencia financiera. Permite a las personas establecer metas claras y realistas, identificar oportunidades de ahorro e inversión y seguir un plan de acción para alcanzarlas. Con el tiempo, es posible cosechar los frutos de una estrategia bien definida y lograr la ansiada libertad financiera.

Cómo superar la procrastinación y actuar para hacerse rico.

La procrastinación es uno de los mayores obstáculos para cualquiera que quiera hacerse rico. Muchas personas tienen ideas y planes para mejorar su situación financiera, pero terminan postergando la acción por una variedad de razones. Sin embargo, es importante recordar que el tiempo es un recurso valioso y cuanto antes empecemos a trabajar en nuestras metas financieras, antes podremos alcanzarlas.

Para superar la postergación y tomar medidas para enriquecerse, es importante identificar las causas de la postergación y trabajar para superarlas. Algunos consejos que pueden ayudar en este proceso son:

Establezca metas claras: establecer metas financieras específicas y medibles puede ayudarlo a dirigir sus esfuerzos y mantenerlo enfocado en sus metas.

Cree un plan de acción: una vez que haya establecido sus objetivos, cree un plan de acción detallado con los pasos que debe seguir para alcanzarlos. Esto puede ayudar a que el proceso sea menos intimidante y más manejable.

Identifique sus distracciones: identifique qué actividades o situaciones lo distraen y reduzca su tiempo de exposición a ellas. Por ejemplo, si pasa mucho tiempo navegando en las redes sociales, puede establecer un horario específico para revisar sus cuentas.

Prioriza las tareas importantes: Concéntrate en las tareas más importantes y urgentes para evitar sentirte abrumado con una gran cantidad de tareas pendientes.

Utilice la Técnica Pomodoro: La Técnica Pomodoro implica trabajar en tareas específicas durante períodos cortos de tiempo, con descansos regulares en el medio. Esto puede ayudar a aumentar la productividad y mantenerse enfocado.

Busque apoyo: encuentre un amigo o familiar que pueda ser su socio financiero y que pueda responsabilizarlo por sus objetivos.

Recuerde que se necesita disciplina y consistencia para alcanzar las metas financieras. Con estos consejos, puede superar la procrastinación y comenzar a tomar medidas para hacerse rico.

¿Cómo ahorrar dinero para alcanzar tus metas financieras?

La capacidad de ahorrar dinero es uno de los factores más importantes cuando se trata de alcanzar metas financieras. Sin embargo, a muchas personas les resulta difícil ahorrar dinero, especialmente cuando tienen gastos fijos y variables que consumen gran parte de su presupuesto mensual.

Para comenzar a ahorrar dinero, es importante crear un presupuesto detallado para identificar cuáles son sus gastos fijos y variables y cuánto dinero se está gastando en cada uno. A continuación, es importante evaluar cuáles de estos gastos se pueden reducir o eliminar. Esto puede ir desde reducir la factura de la luz y el agua hasta reducir la frecuencia de los viajes a restaurantes o cines.

Otra forma efectiva de ahorrar dinero es establecer metas financieras y crear un plan de ahorro para alcanzarlas. Por ejemplo, si el objetivo es viajar internacionalmente en un año, es posible establecer una meta de ahorro mensual para alcanzar la cantidad necesaria para el viaje.

Además, es importante crear el hábito de ahorrar todos los meses parte de tu salario y evitar gastar todo el dinero que recibes. Una forma de hacerlo es automatizar la transferencia de una cantidad a una cuenta de ahorros tan pronto como se reciba el salario.

Otra forma de ahorrar dinero es buscar formas de obtener ingresos adicionales, como trabajar a tiempo parcial o iniciar su propio negocio. Con este ingreso extra, es posible aumentar el monto destinado al ahorro y acelerar el proceso de consecución de metas financieras.

Ahorrar dinero es un paso importante para lograr metas financieras, y para eso es necesario crear un presupuesto detallado, establecer metas financieras y un plan de ahorro, crear el hábito de ahorrar parte de tu salario y buscar formas de obtener ingresos extra. Con perseverancia y disciplina es posible alcanzar la libertad financiera y conquistar la vida de tus sueños.

Las ventajas y desventajas de emprender para enriquecerse.

Emprender es una de las formas más desafiantes, pero también puede ser una de las formas más gratificantes de hacerse rico. Esto se debe a que, al iniciar un negocio propio, tiene la oportunidad de crear algo desde cero, controlar su propio horario, generar ingresos significativos y crear un legado para usted y su familia.

Sin embargo, como todo en la vida, el emprendimiento también tiene sus desventajas. Antes de tomar la decisión de iniciar su propio negocio, es importante sopesar cuidadosamente tanto las ventajas como las desventajas.

Las ventajas de emprender para enriquecerse son muchas. Algunos de ellos incluyen:

Potencial de ganancias ilimitado: cuando emprendes, el potencial de ganancias es ilimitado. Usted es responsable de su propio éxito, por lo que cuanto más trabaje, más dinero podrá ganar.

Flexibilidad: cuando eres dueño de tu propio negocio, tienes más flexibilidad para crear tu propio horario y trabajar las horas que quieras. Esto es especialmente atractivo para las personas que buscan tener más tiempo libre y más control sobre sus vidas.

Posibilidad de crear un legado: Cuando emprendes, tienes la oportunidad de crear algo que puede perdurar por generaciones. Al construir un negocio exitoso, puede dejar un legado para su familia y la sociedad.

Sin embargo, ser emprendedor también tiene sus desventajas. Algunos de ellos incluyen:

Riesgo financiero: cuando inicia un negocio propio, siempre hay un riesgo financiero involucrado. Si el negocio no tiene éxito, podría perder mucho dinero.

Responsabilidades: Cuando eres dueño de tu propio negocio, eres responsable de todo. Esto puede ser estresante y requerir mucho esfuerzo, especialmente al principio.

Falta de seguridad financiera: Cuando eres emprendedor, no tienes la seguridad de un salario fijo todos los meses. Tienes que trabajar duro para mantener los ingresos y garantizar la estabilidad financiera.

El emprendimiento es una opción atractiva para aquellos que quieren enriquecerse, pero es importante sopesar cuidadosamente las ventajas y desventajas antes de tomar una decisión. Si está dispuesto a correr riesgos y trabajar duro, puede lograr un gran éxito como empresario.

Consejos para reducir gastos y ahorrar dinero.

Ahorrar dinero es una de las mejores maneras de lograr la libertad financiera y asegurar un futuro financieramente estable. Después de todo, cuanto más dinero ahorre, más dinero tendrá para invertir y hacer crecer su riqueza.

Una de las mejores maneras de ahorrar dinero es reducir sus gastos. Muchas personas gastan dinero en cosas que no son realmente importantes o necesarias y terminan desperdiciando dinero valioso. Aquí hay algunos consejos para ayudarlo a reducir sus gastos y ahorrar dinero:

Haz un presupuesto: En primer lugar, es importante que sepas exactamente cuánto dinero entra y sale de tus cuentas. A partir de ahí, puede crear un presupuesto y establecer límites en sus gastos.

Compra solo lo que necesitas: Aprende a diferenciar lo que realmente se necesita de lo que es solo un deseo momentáneo. Pregúntate si realmente necesitas ese artículo o si puedes esperar para comprarlo en otro momento.

Evita las compras impulsivas: Antes de realizar una compra, piensa bien si es realmente necesaria y si te lo puedes permitir. Evite comprar por impulso y tome decisiones conscientes.

Reduzca los gastos superfluos: revise sus gastos y encuentre formas de reducir los gastos superfluos, como suscripciones a servicios que no usa o planes de telefonía móvil que son más caros de lo que necesita.

Cocine en casa: Comer fuera puede ser un gasto considerable. Trate de cocinar más en casa y lleve almuerzos al trabajo. Además de ahorrar dinero, también puedes comer más sano.

Investiga precios: Antes de realizar una compra, investiga precios en diferentes tiendas y en internet. Puedes encontrar grandes ofertas y ahorrar dinero.

Negocia tus facturas: muchas veces, las empresas están dispuestas a negociar sus precios, especialmente si eres un cliente habitual. Trate de negociar sus facturas de teléfono celular, internet, televisión por cable y otros gastos.

Recorta los gastos de ocio: busca actividades gratuitas o más económicas para divertirte. Esto puede incluir caminatas, paseos en bicicleta, películas en casa, entre otras cosas.

Seguir estos consejos puede ayudarte a reducir tus gastos y ahorrar dinero. Con el tiempo, puede acumular una buena cantidad de dinero que puede invertir en su libertad financiera y asegurar un futuro más estable.

Los errores comunes que impiden que la gente se haga rica.

Hacerse rico es una meta que muchas personas tienen, pero no todos logran alcanzar. Hay varias razones por las que esto sucede, pero a menudo, los errores comunes son los principales culpables.

Un error común que impide que las personas se vuelvan ricas es no tener un presupuesto bien definido. Sin saber cuánto dinero entra y sale, es difícil controlar el gasto y ahorrar para invertir. Es importante establecer metas financieras y seguir de cerca la evolución de sus gastos e ingresos.

Otro error común es gastar dinero en cosas innecesarias. La gente suele comprar cosas por impulso o por presión social, sin pensar si realmente lo necesita. Es importante evaluar bien las compras y centrarse en lo realmente importante y útil.

Además, muchas personas no invierten en sí mismas ni en sus habilidades. Es importante invertir en educación, aprender nuevas habilidades y buscar conocimientos que puedan ayudar a crear oportunidades laborales y comerciales. La falta de inversión en uno mismo puede limitar las posibilidades de enriquecerse.

Otro error común es no tener un plan a largo plazo. Es importante tener una visión de futuro y planificar las acciones necesarias para llegar a él. Muchas personas solo se enfocan en el presente sin pensar en cómo sus acciones afectarán sus objetivos a largo plazo.

Finalmente, la falta de perseverancia y paciencia es otro error común. Hacerse rico no sucede de la noche a la mañana, se necesita trabajo duro y constancia para alcanzar sus metas. Muchas personas se dan por vencidas a mitad de camino o pierden el enfoque. Es importante mantener la determinación y la perseverancia para superar los desafíos y lograr el éxito financiero.

Los errores comunes que impiden que las personas se vuelvan ricas incluyen: no tener un presupuesto bien definido, gastar dinero en cosas innecesarias, no invertir en uno mismo, no tener una planificación a largo plazo y falta de perseverancia y paciencia. Identificar y corregir estos errores es fundamental para aumentar las posibilidades de éxito financiero.

Cómo crear una mentalidad de abundancia para lograr la riqueza.

Para lograr la riqueza, uno no solo debe tener buenas prácticas financieras, sino también desarrollar una mentalidad de abundancia. Después de todo, la forma en que pensamos sobre el dinero y el éxito influye directamente en nuestras acciones y resultados. En esta publicación, vamos a explorar algunos consejos para ayudarlo a crear una mentalidad de abundancia y prosperidad.

Cree que la abundancia es posible: el primer paso para crear una mentalidad de abundancia es creer que es posible. Es importante entender que la abundancia no es algo limitado o escaso, sino algo que se puede cultivar y expandir.

Visualiza lo que quieres: Para atraer la abundancia a tu vida, primero debes saber lo que quieres. Visualiza tus metas y sueños e imagínate a ti mismo ya lográndolos.

Esta visualización ayuda a fortalecer tu creencia en la abundancia y a atraer situaciones y oportunidades que te ayudarán a realizarlas.

Practica la gratitud: la gratitud es una de las claves para crear una mentalidad de abundancia. Cuando estamos agradecidos por lo que tenemos, nos sentimos más ricos y abundantes, independientemente de nuestra situación financiera actual. Tómate un tiempo cada día para estar agradecido por las cosas buenas de tu vida.

Cambie su lenguaje: la forma en que hablamos sobre el dinero y el éxito puede influir en nuestra forma de pensar. Evite usar palabras negativas o limitantes sobre el dinero, como "Nunca ganaré suficiente dinero". En su lugar, utilice palabras positivas y afirmativas, como "Siempre estoy atrayendo dinero y oportunidades para mí".

Encuentre un propósito en su vida: muchas personas ricas y exitosas tienen un fuerte sentido de propósito en sus vidas. Cuando encuentra su pasión y propósito, es más fácil encontrar la motivación y la energía para trabajar hacia sus metas financieras.

Aprenda de sus errores: en lugar de desanimarse por sus errores financieros, utilícelos como oportunidades de aprendizaje. Reflexione sobre lo que podría haber hecho de manera diferente y use esas lecciones para tomar mejores decisiones en el futuro.

Rodéate de personas positivas: las personas que te rodean tienen una gran influencia en tu mentalidad y comportamiento. Busca rodearte de personas positivas, alentadoras, que crean en ti y en tus objetivos.

Crear una mentalidad de abundancia y prosperidad no sucede de la noche a la mañana, sino que es un proceso continuo de cambio y crecimiento. Con práctica y dedicación, puedes cambiar tu forma de pensar sobre el dinero y el éxito y atraer más abundancia a tu vida.

Cómo construir una cartera de inversión diversificada.

Construir una cartera de inversiones diversificada es una estrategia importante para cualquiera que busque invertir su dinero de manera inteligente y segura. Esto se debe a que la diversificación te permite reducir el riesgo de pérdidas en una sola inversión, ya que el dinero se distribuye en varios activos diferentes.

Para comenzar a construir su cartera de inversiones, primero debe definir sus objetivos y perfil de inversor. A continuación, es necesario comprender los tipos de inversiones disponibles, que pueden incluir acciones, bonos del gobierno, fondos inmobiliarios, fondos de inversión, entre otros.

La diversificación se puede realizar tanto a través de inversiones en diferentes clases de activos como a través de inversiones en diferentes empresas dentro de la misma clase de activos. Por ejemplo, dentro de las acciones, es posible invertir en empresas de diferentes sectores, como tecnología, salud, energía, etc. Además, también es posible invertir en empresas de diferentes tamaños, desde las denominadas de pequeña capitalización hasta grandes empresas de primera línea.

Otra forma de diversificar su cartera es invertir en diferentes regiones geográficas, incluidas empresas internacionales y activos en diferentes monedas. Esto puede ayudar a reducir el riesgo de una recesión económica en un país específico que afecte a todas las inversiones de cartera.

Cabe mencionar que la diversificación no garantiza ganancias ni protección total contra pérdidas, pero es una estrategia importante para minimizar riesgos y buscar retornos más estables en el tiempo. También es importante recordar que la diversificación debe ser monitoreada periódicamente, ajustando la cartera de acuerdo con los cambios en el mercado y los objetivos del inversionista.

Las diferencias entre la renta pasiva y la renta activa.

El ingreso pasivo y el ingreso activo son dos conceptos financieros importantes que a menudo se discuten en relación con la búsqueda de la independencia financiera y la riqueza. Ambas formas de ingresos tienen sus propias ventajas y desventajas, y comprender la diferencia entre ellas puede ayudarlo a tomar decisiones financieras más informadas.

La renta activa es la forma más común de ingresos y se genera a través del trabajo remunerado, ya sea como empleado o como empresario. Este tipo de ingresos requiere que inviertas tiempo y esfuerzo en una actividad específica a cambio de una compensación directa. El trabajo puede ser temporal o permanente, pero requiere un esfuerzo continuo para mantener los ingresos. Un ejemplo de ingreso activo sería un trabajo como médico, maestro o gerente, donde se generan ingresos a cambio de horas trabajadas.

Por otro lado, los ingresos pasivos son la forma de ingresos que puede obtener sin tener que trabajar activamente para obtenerlos. En otras palabras, es una forma de ingreso que se genera a partir de las inversiones que has realizado, tales como alquileres de bienes raíces, inversiones en acciones y dividendos, regalías de propiedad intelectual, entre otros. Una vez que se establece la inversión, los ingresos pasivos pueden fluir sin que tengas que esforzarte mucho.

Si bien el ingreso activo puede dar sus frutos más rápido, requiere un esfuerzo constante para mantenerlo. Los ingresos pasivos, por otro lado, pueden ofrecerle un flujo constante de ingresos sin la necesidad de trabajar activamente. Sin embargo, muchas veces, las inversiones necesarias para generar ingresos pasivos requieren una gran inversión inicial y un período de espera antes de comenzar a generar ganancias.

Elegir entre ingresos activos y pasivos depende de sus objetivos financieros y su situación financiera actual. Por ejemplo, si tiene deudas o una fuente inestable de ingresos activos, es posible que deba concentrarse en generar ingresos activos para cubrir sus gastos. Por otro lado, si tienes una cantidad importante de dinero para invertir y estás buscando una manera de generar ingresos sin tener que trabajar activamente, los ingresos pasivos podrían ser una opción viable.

Los ingresos pasivos y los ingresos activos son diferentes formas de generar ingresos, y cada uno tiene sus propias ventajas y desventajas. Es importante comprender las diferencias entre ellos y evaluar cuál es la mejor opción para alcanzar sus metas financieras. Recuerde que las opciones financieras pueden ser complejas y requieren una planificación cuidadosa, pero invertir tiempo y esfuerzo ahora puede generar resultados financieros positivos en el futuro.

Inversiones: por dónde empezar y qué opciones hay disponibles.

Invertir es una excelente manera de hacer que el dinero trabaje para usted y alcance sus metas financieras. Pero, ¿por dónde empezar? ¿Y qué opciones hay disponibles?

Antes de invertir, es importante tener una reserva de emergencia para hacer frente a imprevistos. A continuación, es fundamental definir sus objetivos financieros y el plazo para alcanzarlos. Con eso en mente, es hora de buscar opciones de inversión.

Una opción segura para quienes recién comienzan son los bonos del gobierno, como el Tesoro Directo. Son inversiones de renta fija, es decir, el interés y la forma de remuneración ya están definidos en el momento de la aplicación. Es una alternativa de bajo riesgo con buenos rendimientos.

Otra opción son los fondos de inversión, que reúnen recursos de varios inversionistas para invertir en diversos activos, como acciones, bonos, bienes raíces y otros. Hay opciones para todos los perfiles de inversor, desde el más conservador hasta el más agresivo. Es importante evaluar costos y gastos de administración para elegir la mejor opción.

Las acciones también son una opción de inversión de renta variable. Es posible comprar acciones de empresas en bolsa, lo que puede ofrecer un alto potencial de rentabilidad, pero también implica mayores riesgos.

Además, existen otras opciones como Fondos Inmobiliarios (FII), Certificados de Depósito Bancario (CDB), Cartas de Crédito (LCI y LCA), entre otras.

Independientemente de la elección, es importante tener en cuenta que invertir requiere disciplina y planificación. Es fundamental monitorear sus inversiones, evaluar si están en línea con sus objetivos y hacer ajustes cuando sea necesario.

Finalmente, es importante buscar información y educarse financieramente para tomar las mejores decisiones de inversión y alcanzar sus metas financieras.

Los beneficios y riesgos de invertir en acciones en la bolsa de valores.

Invertir en acciones en bolsa es una de las formas de inversión más conocidas y populares. Las acciones son valores que representan la propiedad de una parte de una empresa y que pueden negociarse en la bolsa de valores. Cuando una empresa tiene éxito y sus beneficios aumentan, el valor de las acciones tiende a subir, lo que puede generar buenos rendimientos financieros para los inversores.

Sin embargo, invertir en acciones también implica riesgos. El valor de las acciones puede variar mucho, dependiendo de varios factores, como el desempeño de la empresa, variaciones en la economía, crisis políticas, entre otros. Por lo tanto, antes de invertir en acciones, es importante comprender bien cómo funciona el mercado financiero, las empresas en las que pretende invertir, las tendencias económicas y las perspectivas del mercado.

Además, es importante recordar que invertir en acciones debe ser una estrategia a largo plazo. Los vaivenes del mercado pueden generar ganancias a corto plazo, pero el inversionista que busca enriquecerse debe considerar invertir en acciones como parte de una estrategia de inversión diversificada a largo plazo.

Para invertir en acciones, debe abrir una cuenta en un corredor de bolsa, que intermediará las transacciones en la bolsa de valores. La correduría ofrece plataformas de negociación y servicios de análisis de mercado y de empresas, que pueden ser útiles para guiar las decisiones de inversión.

Invertir en acciones puede ser una forma interesante de buscar riqueza, pero hay que ser consciente de los riesgos que implica e invertir de forma consciente y estratégica, buscando siempre la orientación de profesionales especializados.

Cómo invertir en bienes raíces y ganar dinero con el alquiler.

Invertir en bienes raíces es una de las formas más populares de generar ingresos pasivos y crear riqueza a largo plazo. Muchas personas optan por invertir en propiedades de alquiler como una forma de aumentar sus ingresos y generar riqueza con el tiempo. Pero, ¿cómo es exactamente posible invertir en bienes raíces y ganar dinero con el alquiler?

Lo primero que debe considerar es el tipo de propiedad en la que desea invertir. Algunas opciones incluyen casas, apartamentos, propiedades comerciales, terrenos y propiedades rurales. Cada tipo de propiedad tiene sus propias ventajas y desventajas, por lo que es importante realizar una investigación detallada y determinar qué tipo de propiedad se adapta mejor a sus necesidades y objetivos.

Una vez que haya identificado el tipo de propiedad en la que desea invertir, es hora de evaluar el mercado inmobiliario. Esto incluye investigar precios y tendencias de mercado en su área de interés, así como analizar condiciones económicas que puedan afectar el mercado inmobiliario a corto y largo plazo.

Una vez que haya encontrado una propiedad adecuada y la haya comprado, el siguiente paso es prepararla para alquilarla. Esto puede incluir las reparaciones y mejoras necesarias, así como la creación de un plan eficaz de gestión de la propiedad. Es importante asegurarse de que la propiedad esté en buenas condiciones y que todos los servicios esenciales como electricidad, agua e internet funcionen correctamente.

Al determinar el monto del alquiler, es importante tener en cuenta la ubicación de la propiedad, las comodidades que se ofrecen y los precios de alquiler comparables en el área. Un arrendamiento adecuado puede garantizar un flujo constante de ingresos y, con el tiempo, incluso puede ayudar a pagar la inversión inicial.

Finalmente, es importante recordar que invertir en propiedades de alquiler puede requerir mucho trabajo y esfuerzo, especialmente cuando se trata de la administración de propiedades. Debe estar preparado para lidiar con problemas de mantenimiento, inquilinos problemáticos y otros desafíos que puedan surgir en el camino. Pero con la estrategia correcta y la gestión adecuada, invertir en bienes raíces puede ser una forma sólida de generar riqueza a largo plazo.

Las ventajas y desventajas de invertir en fondos inmobiliarios.

Los fondos inmobiliarios son una forma de inversión en bienes raíces que ha ganado popularidad en Brasil. Están formados por un grupo de inversores que se unen para comprar inmuebles y, así, recibir rentas por estos inmuebles en proporción a la cantidad invertida.

Una de las principales ventajas de los fondos inmobiliarios es la posibilidad de invertir en inmuebles con poco dinero, ya que la cantidad mínima para invertir en algunos de estos fondos puede ser muy asequible. Además, los inversores no necesitan preocuparse por la gestión de la propiedad, ya que esta responsabilidad es responsabilidad del administrador del fondo.

Otra ventaja es la posibilidad de diversificar la cartera de inversiones. Invertir en una sola propiedad puede ser arriesgado, ya que el valor de esa propiedad puede caer o el inquilino puede no pagar el alquiler. Con los fondos inmobiliarios, el inversor puede invertir en varias propiedades, reduciendo el riesgo.

Sin embargo, como toda inversión, los fondos inmobiliarios también tienen desventajas. El principal riesgo es el cambio en el valor de las acciones del fondo en la bolsa de valores. Si el mercado inmobiliario está a la baja, es posible que el valor de las acciones caiga, lo que resultará en una pérdida para el inversor.

Otro factor a tener en cuenta es la comisión de gestión del fondo, que puede ser elevada y reducir el rendimiento de la inversión. Por lo tanto, es importante evaluar cuidadosamente las tarifas que se cobran antes de invertir en un fondo inmobiliario.

Los fondos inmobiliarios pueden ser una forma interesante de inversión en bienes raíces para aquellos que buscan diversificar su cartera de inversiones y tienen poco dinero para invertir en bienes raíces físicos. Sin embargo, uno debe evaluar cuidadosamente los riesgos y las tarifas involucradas antes de tomar una decisión de inversión.

Cómo lidiar con la deuda y salir de la deuda.

Vivir con deudas es una enorme carga para muchas personas, impidiéndoles alcanzar sus metas financieras e incluso llevándolas a un estado de ansiedad y estrés. Sin embargo, hay formas de lidiar con las deudas y salir de ellas.

El primer paso para salir de la deuda es comprender su situación financiera actual. Esto significa hacer un levantamiento de todas las deudas, incluyendo el monto, el plazo y las tasas de interés. Con esta información en la mano, puede crear un plan de acción para comenzar a pagar la deuda.

Una de las estrategias más efectivas es la negociación de la deuda. Ponerse en contacto con los acreedores para analizar las opciones de pago puede resultar en mejores términos, como tasas de interés más bajas, plazos extendidos y pago de la deuda. Es importante ser transparente sobre la situación financiera y mostrar compromiso con el pago de la deuda.

Otra estrategia es reducir gastos y ahorrar dinero para destinarlo al pago de deudas. Esto puede implicar revisar los gastos mensuales, recortar gastos innecesarios y evitar nuevas deudas. También es importante considerar la posibilidad de aumentar los ingresos mediante trabajo extra o negocio propio.

Para evitar que las deudas se acumulen nuevamente, debe cambiar su mentalidad sobre el dinero. Esto implica aprender a vivir con lo que tienes, evitando el uso de crédito innecesario y manteniendo una reserva financiera para emergencias.

Lidiar con la deuda y salir de la deuda puede ser un proceso difícil, pero es posible. Con un plan de acción bien estructurado y una mentalidad positiva, es posible lograr la libertad financiera y vivir sin la presión de las deudas.

Cómo negociar salarios y beneficios para aumentar los ingresos.

Si eres empleado de una empresa, saber cómo negociar el salario y los beneficios puede ser una de las formas más efectivas de aumentar los ingresos. Sin embargo, muchas personas tienen miedo de pedir un aumento o no saben cómo abordar el problema con su empleador. Es importante recordar que negociar no es un acto de codicia, sino una forma de reconocer su valor y asegurar una vida financiera más estable.

El primer consejo para negociar salarios y beneficios es investigar el mercado. Averigüe cuál es el salario promedio para su función y región y utilícelo como base para la negociación. También es importante considerar otros beneficios, como seguro médico, vales de comida, vales de transporte, entre otros.

Otro consejo importante es elegir el momento adecuado para la negociación. Evite pedir un aumento justo después de una crisis en la empresa o cuando el empleador esté abrumado con otras demandas. Trate de elegir un momento en el que el clima organizacional sea más tranquilo y su desempeño haya sido satisfactorio.

Al iniciar la negociación, sea claro y objetivo. Indique las razones detrás de su solicitud de aumento y muestre cómo ha contribuido a la empresa hasta el momento. Destaca tus logros y metas alcanzadas. Si es posible, presente datos y números que acrediten su desempeño.

También es importante estar abierto a otras posibilidades de beneficios si el empleador no puede otorgar un aumento de salario en este momento. Pregunta por las posibilidades de home office, horarios flexibles, programas de capacitación, entre otras cosas que te pueden interesar.

La negociación de salarios y beneficios es un proceso importante que puede ser beneficioso para ambas partes. Sea claro, objetivo y confiado en sus habilidades y logros. Recuerda que negociar es una oportunidad para reconocer tu valía y asegurarte una vida financiera más estable.

Cómo utilizar Internet para crear fuentes de ingresos en línea.

Con el avance de la tecnología y la popularización de Internet, cada vez más personas buscan formas de ganar dinero en línea. Ya sea como ingreso principal o complementario, hay varias oportunidades de negocios que se pueden explorar en Internet.

Una de las formas más comunes de ganar dinero en línea es vendiendo productos o servicios a través de Internet. Es posible crear una tienda virtual y vender productos físicos o digitales, como cursos en línea, libros electrónicos, música, entre otros. También es posible ofrecer servicios en línea, como consultoría, diseño gráfico, programación, entre otros.

Otra forma de ganar dinero en línea es creando contenido en Internet. Es posible monetizar un blog, canal de YouTube o perfil en redes sociales a través de programas de afiliados, anuncios o alianzas con marcas. Algunos creadores de contenido incluso ganan cantidades significativas con sus canales y perfiles.

Además, también existen varias plataformas que ofrecen trabajo freelance en distintas áreas, como redacción, traducción, edición de videos, diseño, entre otras. Puede registrarse en estas plataformas y obtener trabajos para complementar sus ingresos o incluso convertirlo en una fuente principal de ingresos.

Es importante señalar que, como con cualquier otro negocio, es necesario tener una estrategia bien definida y mucha dedicación para tener éxito en las fuentes de ingresos en línea. Necesita estudiar las posibilidades y averiguar qué opción es la mejor de acuerdo con su perfil y habilidades.

Internet ofrece muchas oportunidades comerciales y fuentes de ingresos en línea. Tienes que estar abierto a explorar estas posibilidades y dedicarte a lograr el éxito. Con planificación y trabajo duro, es posible crear una fuente rentable y duradera de ingresos en línea.

Cómo invertir en criptomonedas y otras nuevas tecnologías financieras.

Invertir en criptomonedas y otras nuevas tecnologías financieras se ha convertido en una opción cada vez más popular para los inversores que buscan diversificar sus carteras y lograr altos rendimientos. Sin embargo, es importante ser consciente de los riesgos que implica este tipo de inversión y educarse bien antes de tomar cualquier decisión.

Las criptomonedas son monedas digitales encriptadas que utilizan tecnología blockchain para garantizar la seguridad de las transacciones y la descentralización del sistema financiero. La más conocida de estas es Bitcoin, pero existen muchas otras criptomonedas en el mercado, como Ethereum , Litecoin , Ripple , entre otras.

Aunque las criptomonedas han experimentado altas valoraciones a lo largo de los años, es importante recordar que son activos extremadamente volátiles y están sujetos a fluctuaciones de precios significativas. Además, todavía hay mucha incertidumbre con respecto al futuro regulatorio y tecnológico de las criptomonedas, lo que podría afectar su valor a largo plazo.

Sin embargo, si decide invertir en criptomonedas, es importante seguir algunos consejos para minimizar los riesgos. Primero, infórmate sobre el tema, aprende cómo funciona la tecnología blockchain y cuáles son las principales criptomonedas disponibles en el mercado. Además, es importante definir una estrategia de inversión clara y no invertir más de lo que puede permitirse perder.

Otra forma de invertir en nuevas tecnologías financieras es a través de startups fintech , que están aportando soluciones innovadoras en diversas áreas del sector financiero, como préstamos, inversiones y pagos. Invertir en una fintech puede ser una oportunidad interesante para participar en el potencial de crecimiento de una empresa en etapa inicial, pero es importante evaluar cuidadosamente el modelo de negocios y el equipo detrás de la startup antes de invertir.

Invertir en criptomonedas y otras nuevas tecnologías financieras puede ser una opción atractiva para los inversores que buscan altos rendimientos, pero es importante ser consciente de los riesgos involucrados y educarse bien antes de tomar cualquier decisión. Además, es importante evaluar bien las opciones disponibles y definir una estrategia de inversión clara antes de invertir tu dinero.

Cómo crear una fuente pasiva de ingresos a través de regalías y licencias.

Si está buscando una manera de ganar dinero sin trabajar directamente para ello, los flujos de ingresos pasivos pueden ser una excelente opción. Una forma de hacerlo es a través de regalías y licencias.

Las regalías son pagos recibidos por alguien que posee los derechos de autor de un producto o propiedad intelectual, como un libro, una canción o una película. Cuando alguien compra o usa ese producto, el propietario recibe un porcentaje de las ganancias.

La concesión de licencias, por otro lado, es cuando alguien paga para usar una propiedad intelectual o una marca comercial. Por ejemplo, una empresa puede pagar para usar una marca y un logotipo en sus productos.

Para comenzar a ganar dinero con regalías y licencias, primero deberá crear algo que tenga valor intelectual o artístico. Esto podría ser un libro, una canción, una obra de arte o incluso un invento.

Luego deberá registrar sus derechos de autor o propiedad intelectual con las autoridades pertinentes para protegerlos legalmente.

Después de eso, puede comenzar a otorgar licencias o vender sus derechos de autor o propiedad intelectual a otras empresas o individuos a cambio de regalías. Hay muchas plataformas en línea que ayudan a conectar a los propietarios de derechos de autor con empresas interesadas en licenciar sus productos.

Tenga en cuenta que crear una fuente pasiva de ingresos a través de regalías y licencias puede requerir tiempo y esfuerzo por adelantado, pero puede ser una forma gratificante de ganar dinero a largo plazo. Asegúrese de proteger sus derechos de autor y propiedad intelectual correctamente y busque asesoramiento legal si es necesario.

Consejos para construir un patrimonio neto sólido con el tiempo.

Construir un patrimonio neto sólido a lo largo del tiempo es un objetivo financiero común para muchas personas. Aunque parezca un desafío, con la estrategia correcta y hábitos financieros saludables, es posible lograr este objetivo.

Uno de los mejores consejos para construir un patrimonio neto sólido es vivir por debajo de sus posibilidades. Eso significa gastar menos de lo que gana y ahorrar dinero regularmente. Puede comenzar por hacer un presupuesto y priorizar sus gastos para reducir los gastos innecesarios.

Otro consejo importante es invertir su dinero sabiamente. En lugar de guardar todo su dinero en una cuenta bancaria, considere invertir en acciones, bonos o bienes raíces. Asegúrese de diversificar sus inversiones para minimizar el riesgo.

Además, es fundamental tener paciencia y perseverancia. Construir un patrimonio neto sólido no sucede de la noche a la mañana, sucede con el tiempo. Es importante tener en cuenta sus metas financieras y no darse por vencido ante los obstáculos.

Otro consejo es tener una mentalidad a largo plazo. Es fácil caer en la tentación de gastar dinero en cosas que le brindan una satisfacción inmediata, pero esto puede arruinar sus planes financieros a largo plazo. En su lugar, piense en sus metas financieras a largo plazo y tome decisiones de gastos basadas en ellas.

Finalmente, es importante revisar regularmente sus finanzas y ajustar su estrategia a medida que cambia su vida. Asegúrese de que sus inversiones sigan en línea con sus objetivos financieros y realice cambios si es necesario.

Para construir un patrimonio neto sólido, debe vivir por debajo de sus posibilidades, invertir su dinero sabiamente, tener paciencia y perseverancia, tener una mentalidad a largo plazo y revisar regularmente sus finanzas. Con estas estrategias y hábitos financieros saludables, estará bien encaminado para alcanzar sus metas financieras.

Cómo elegir las mejores opciones de crédito para sus necesidades.

Elegir las mejores opciones de crédito para sus necesidades puede ser un desafío, ya que hay muchas opciones disponibles en el mercado. Es importante comprender las diferencias entre ellos y elegir el que mejor se adapte a sus necesidades financieras. En este texto, veremos algunos consejos para ayudarte a elegir las mejores opciones de crédito.

Lo primero que debes tener en cuenta es cuál es tu finalidad al solicitar un crédito. ¿Necesitas dinero para un emprendimiento, para una emergencia financiera, para financiar un bien o servicio? Dependiendo del objetivo, hay opciones de crédito que son más ventajosas que otras.

Si necesita dinero para una emergencia financiera, una opción es solicitar un préstamo personal. El préstamo personal es un tipo de crédito que no requiere garantía, lo que quiere decir que no necesitas aportar un bien como garantía para obtener el préstamo. Sin embargo, las tasas de interés pueden ser altas, por lo que es importante comparar las tasas de interés entre diferentes instituciones financieras antes de decidir dónde solicitar un préstamo.

Si necesita dinero para financiar un activo, como un automóvil o una casa, una opción es solicitar un préstamo garantizado. En este tipo de préstamo, el bien a financiar se utiliza como garantía del préstamo. Esto significa que si no paga el préstamo, la institución financiera puede tomar el activo. El interés es generalmente más bajo que en un préstamo personal, pero se debe tener cuidado de no comprometer su capacidad de pago.

Otra opción es una tarjeta de crédito. Las tarjetas de crédito son una forma conveniente de obtener crédito, pero las tasas de interés pueden ser muy altas. Es importante usar su tarjeta de crédito con prudencia y pagar la factura en su totalidad cada mes para evitar intereses y multas.

Otra forma de obtener crédito es a través de una línea de crédito. Una línea de crédito es una opción preaprobada para obtener un crédito, que suele estar vinculada a una cuenta bancaria. Esto significa que cuando necesites dinero, puedes retirar de la línea de crédito y solo pagar intereses sobre la cantidad utilizada. Es importante prestar atención a las tasas de interés y las condiciones del contrato antes de elegir esta opción.

Elegir la mejor opción de crédito implica comprender sus necesidades financieras y comparar las diferentes opciones disponibles. Es importante elegir la opción que mejor se adapte a sus necesidades y capacidad de pago. Además, es fundamental leer detenidamente los contratos y las tasas de interés para evitar deudas innecesarias y problemas financieros en el futuro.

Cómo lidiar con la presión social para gastar dinero y mantener un estilo de vida financieramente saludable.

La presión social para gastar dinero es una realidad para muchas personas, especialmente en sociedades donde el consumo es visto como un símbolo de estatus y éxito. Sin embargo, para aquellos que buscan mantener un estilo de vida financieramente saludable y generar una riqueza sólida con el tiempo, es importante aprender a lidiar con esta presión y mantenerse fieles a sus objetivos financieros.

Una de las primeras cosas que puede hacer para lidiar con la presión social para gastar dinero es establecer sus propios valores financieros. Reflexiona sobre lo que es realmente importante para ti y lo que valoras en tu vida. Por ejemplo, puede valorar las experiencias de viaje más que las posesiones materiales, o puede priorizar el ahorro de dinero para la jubilación en lugar de gastarlo en entretenimiento costoso. Al identificar sus propios valores financieros, puede tomar decisiones más conscientes que estén en línea con sus objetivos.

Además, es importante rodearse de personas que compartan los mismos valores financieros que usted. Esto podría significar encontrar amigos que prefieran actividades más económicas o incluso unirse a grupos de interés comunes centrados en las finanzas personales. Tener personas a tu alrededor que apoyen tus decisiones financieras puede ayudarte a cumplir tus metas.

Otra estrategia útil para lidiar con la presión social para gastar dinero es establecer un presupuesto claro y realista para sus gastos. Al tener una idea clara de cuánto dinero necesitas para cubrir tus necesidades básicas y alcanzar tus metas financieras, puedes tomar decisiones más informadas sobre tus gastos y evitar gastos impulsivos que pueden dañar tu salud financiera.

Finalmente, recuerda que administrar tus finanzas personales es una responsabilidad individual, y que eres tú quien debe tomar las decisiones que mejor se ajusten a tus objetivos financieros. Es normal sentir la presión social de gastar dinero, pero es importante no dejar que perjudique su salud financiera a largo plazo. Manténgase fiel a sus valores financieros, establezca un presupuesto realista y rodéese de personas que lo apoyen en sus decisiones financieras. De esa manera, estará en el camino correcto para construir un patrimonio sólido y lograr la independencia financiera.

Cómo reducir los gastos en alimentos sin comprometer la calidad de los alimentos.

Comer bien es importante para la salud física y mental, pero eso no significa que tengas que gastar mucho dinero para mantener una dieta saludable. Hay muchas maneras de reducir los gastos en alimentos sin comprometer la calidad de los alimentos. Estos son algunos consejos que le ayudarán a ahorrar dinero en la compra de alimentos.

Planifique las comidas: planificar las comidas con anticipación es una de las mejores maneras de ahorrar dinero en la compra de alimentos. Haga una lista de compras basada en las comidas planificadas y compre solo los artículos necesarios.

Compre alimentos frescos de temporada: los alimentos frescos de temporada suelen ser más baratos que los alimentos fuera de temporada. También son más sabrosos y nutritivos ya que se cosechan en el momento adecuado.

Compre alimentos al por mayor: comprar alimentos al por mayor, como arroz, frijoles, lentejas y granos, puede ser muy económico. Estos alimentos son nutritivos, fáciles de almacenar y se pueden usar en una variedad de recetas.

Cocine en casa: salir a comer puede ser costoso, así que intente cocinar en casa siempre que sea posible. Además de ahorrar dinero, también puedes controlar los ingredientes y las porciones.

Use cupones y ofertas: busque cupones y ofertas en tiendas locales y en línea. Muchos supermercados ofrecen descuentos en productos seleccionados o en la compra completa.

Evite los alimentos procesados y empacados: los alimentos procesados y empacados tienden a ser más caros que los alimentos frescos. Además, suelen contener conservantes y aditivos que pueden ser perjudiciales para la salud.

Haga una huerta en casa: plantar una huerta en casa es una excelente manera de ahorrar dinero en la compra de alimentos. Además, es una actividad divertida y relajante que se puede compartir con la familia.

Compre en tiendas de descuento: algunas tiendas de descuento ofrecen precios más bajos en productos de marca. Busque una tienda de descuento cerca de usted y ahorre dinero en la compra de alimentos.

Congele alimentos adicionales: si tiene alimentos adicionales que no se consumirán de inmediato, congélelos para usarlos en el futuro. Esto puede ahorrar dinero y evitar el desperdicio de alimentos.

Evite el desperdicio de alimentos: el desperdicio de alimentos puede ser costoso. Trate de evitar el desperdicio de alimentos comprando solo lo que necesita, almacenando los alimentos adecuadamente y usando las sobras para preparar otras comidas.

Ahorrar dinero en la compra de alimentos puede ser fácil si planifica con anticipación, compra alimentos frescos de temporada, cocina en casa, usa cupones y ofertas, evita los alimentos procesados y empacados, cultiva un jardín en casa, compra en tiendas de descuento, congela alimentos adicionales, evitar el desperdicio de alimentos y mantener un estilo de vida económicamente saludable.

Los mitos sobre el dinero que necesitas desmitificar para hacerte rico.

Cuando se trata de hacerse rico, existen muchos mitos que pueden obstaculizar a las personas en su viaje financiero. Es importante identificar y desacreditar estos mitos para lograr la independencia financiera y generar riqueza con el tiempo.

Uno de los mitos más comunes es que el dinero trae la felicidad. Si bien el dinero puede brindar comodidad y seguridad, no es una fuente garantizada de felicidad. Las personas que buscan la felicidad deben centrarse en cosas que no se pueden comprar, como las relaciones, el propósito de vida y la salud mental.

Otro mito es que el éxito financiero se basa en la suerte. Si bien la suerte puede desempeñar un papel en algunas oportunidades, la mayoría de las personas financieramente exitosas han logrado sus objetivos a través del trabajo arduo, la planificación y la perseverancia. Es importante adoptar un enfoque proactivo de las finanzas personales y buscar oportunidades para crecer y desarrollar habilidades financieras.

Un tercer mito es que es posible hacerse rico rápidamente. Si bien puede haber excepciones, la mayoría de las personas ricas han logrado su riqueza con el tiempo, construyéndola con paciencia y perseverancia. Es importante tener una visión a largo plazo y establecer objetivos financieros realistas para lograr la independencia financiera.

Otro mito común es que los ricos son tacaños o egoístas. En realidad, muchos millonarios son generosos y se dedican a actividades filantrópicas. Es importante recordar que la riqueza se puede utilizar para ayudar a otras personas y marcar una diferencia en sus vidas.

Finalmente, un mito que puede ser dañino es que es demasiado tarde para comenzar a generar riqueza. De hecho, nunca es demasiado tarde para comenzar a hacer cambios positivos en sus finanzas personales y construir un futuro financiero seguro. Incluso pequeños cambios en el estilo de vida, como reducir los gastos innecesarios e invertir en una cartera diversificada, pueden marcar la diferencia con el tiempo.

Desacreditar estos mitos puede ayudar a las personas a desarrollar una mentalidad más saludable sobre el dinero y lograr la independencia financiera. Es importante recordar que la riqueza no es una medida del éxito o la felicidad, pero puede ser una herramienta valiosa para lograr objetivos personales y marcar una diferencia en la vida de otras personas.

Cómo armar un plan de jubilación que garantice una vida financiera estable en el futuro.

La planificación para la jubilación es una de las cosas más importantes que puede hacer para garantizar su estabilidad financiera en el futuro. Desafortunadamente, muchas personas no piensan en cómo financiar su jubilación hasta que es demasiado tarde. Si desea asegurarse de tener un futuro financiero estable, es fundamental que comience a planificar su jubilación ahora.

El primer paso para armar un plan de jubilación es definir su meta financiera. Debe determinar cuánto dinero necesita para vivir cómodamente durante la jubilación. Esto puede depender de su estilo de vida actual, expectativa de vida, costos de atención médica, entre otros factores.

Con su objetivo financiero en mente, el siguiente paso es elegir las inversiones que lo ayudarán a alcanzarlo. Hay varias opciones de inversión disponibles, como acciones, fondos de inversión, bonos, pensión privada, entre otros. Es importante elegir una combinación de inversiones que satisfaga sus necesidades y objetivos financieros.

Otro factor importante a considerar es el tiempo. Cuanto antes comience a invertir, más tiempo tendrá para acumular dinero y permitir que el interés compuesto trabaje a su favor. Si se va para comenzar a invertir más tarde, necesitará invertir más dinero para alcanzar su meta financiera.

Además, es importante recordar que la jubilación no es un hecho aislado. Es un proceso continuo que puede durar décadas. Esto significa que deberá revisar periódicamente su plan de jubilación y ajustar sus estrategias de inversión según sea necesario.

Armar un plan de jubilación puede ser una tarea desafiante, pero es esencial para garantizar una vida financiera estable en el futuro. Establezca su objetivo financiero, elija las inversiones que mejor se adapten a sus necesidades, comience a invertir lo antes posible y revise periódicamente su plan. Con disciplina y planificación, puede tener un futuro financiero pacífico y seguro.

Secretos de inversores exitosos para multiplicar el patrimonio.

Invertir dinero es una excelente manera de multiplicar su capital, pero es importante recordar que el éxito de la inversión no está garantizado. Algunas personas logran obtener un gran retorno de su inversión y aumentar significativamente su patrimonio neto, mientras que otras no tienen tanta suerte. Pero, después de todo, ¿cuáles son los secretos de los inversores exitosos?

Planificación financiera: invertir sin un plan es como caminar en la oscuridad, sin saber a dónde vas. Tener un plan financiero bien estructurado es esencial para inversiones exitosas. Determine sus objetivos, establezca una estrategia de inversión y establezca un marco de tiempo para lograr sus objetivos.

Diversificación de la cartera de inversiones: La diversificación de la cartera es esencial para minimizar los riesgos y maximizar las ganancias. Invertir en diferentes activos, sectores y geografías puede ayudar a equilibrar la cartera y reducir la exposición a factores externos.

Disciplina y paciencia: invertir es una actividad que requiere disciplina y paciencia. Es importante mantenerse enfocado en el largo plazo y no dejarse llevar por las emociones, evitando comprar y vender activos con frecuencia.

Aprendizaje constante: las inversiones están en constante evolución, y es importante estar actualizado sobre las tendencias y novedades del mercado. Busque información de fuentes confiables, como libros, revistas especializadas y sitios web de finanzas.

Búsqueda de oportunidades: los inversores exitosos siempre buscan oportunidades de inversión que puedan generar un rendimiento significativo. Esté al tanto de las tendencias del mercado, los movimientos políticos y económicos y las nuevas tecnologías financieras que puedan surgir.

Asesoramiento de expertos: contar con la ayuda de un profesional especializado en inversiones puede ser una excelente manera de obtener orientación y reducir los riesgos. Busque un profesional de confianza con experiencia comprobada en el mercado financiero.

Gestión de Riesgos: Toda inversión implica riesgos, y es importante gestionarlos adecuadamente. Tener una estrategia de gestión de riesgos bien definida y estar siempre preparado para hacer frente a imprevistos.

Invertir dinero puede parecer intimidante, pero siguiendo los secretos de los inversores exitosos y teniendo disciplina y paciencia, es posible obtener un retorno de la inversión significativo y multiplicar su capital. Recuerda que el éxito en la inversión no está garantizado, pero con planificación, diversificación y aprendizaje constante, las posibilidades de éxito son mucho mayores.

Las mejores aplicaciones de finanzas personales para ayudarte a administrar tu dinero.

Las aplicaciones de finanzas personales se han convertido en una herramienta útil para muchas personas que quieren tener el control de sus finanzas. Lo ayudan a realizar un seguimiento de los gastos, crear presupuestos, realizar un seguimiento de las inversiones y mucho más. En este texto vamos a presentar algunas de las mejores aplicaciones de finanzas personales disponibles en el mercado.

Mint : Mint es una de las aplicaciones de finanzas personales más populares y fáciles de usar. Le permite realizar un seguimiento de los gastos, crear presupuestos y controlar las inversiones. La aplicación también ofrece consejos y sugerencias personalizados basados en sus hábitos de gasto.

YNAB: El YNAB (Tú Need A Budget) es una aplicación que se enfoca en ayudarlo a crear y seguir un presupuesto. Le brinda información detallada sobre cómo está gastando su dinero y lo ayuda a priorizar sus gastos para que pueda ahorrar más.

PocketGuard : PocketGuard es una aplicación que te ayuda a administrar tus finanzas de forma sencilla y sencilla. Le muestra una descripción general de sus finanzas y clasifica sus gastos para que pueda ver dónde gasta más dinero.

Personal Capital: Personal Capital es una aplicación de administración de patrimonio que le permite realizar un seguimiento de sus cuentas bancarias, inversiones y deudas en un solo lugar. También ofrece herramientas de planificación financiera como calculadoras de jubilación y planificadores de impuestos.

Wally: Wally es una aplicación que te permite controlar fácilmente tus gastos y crear presupuestos. Le permite tomar fotografías de las facturas y reconoce automáticamente la información para que pueda categorizar fácilmente los gastos.

Bellotas : Bellotas es una aplicación que te ayuda a invertir dinero de forma inteligente. Redondea tus compras e invierte automáticamente la diferencia en una cartera personalizada según tus objetivos financieros.

Robinhood : Robinhood es una aplicación de negociación de acciones que le permite invertir en acciones y ETF sin comisiones. Es fácil de usar y ofrece herramientas útiles para realizar un seguimiento del rendimiento de sus acciones.

Tiller Money: Tiller Money es una aplicación de finanzas personales que le permite realizar un seguimiento de sus finanzas en las hojas de cálculo de Google Sheets. Le ayuda a categorizar sus gastos y le permite crear presupuestos personalizados.

Estas son solo algunas de las muchas aplicaciones de finanzas personales disponibles en el mercado. Cada uno tiene sus propias ventajas y desventajas, por lo que es importante elegir el que mejor se adapte a sus necesidades. Con un poco de tiempo y esfuerzo, puede usar estas aplicaciones para mejorar su vida financiera y alcanzar sus metas financieras.

Cómo usar la Ley de Atracción para manifestar abundancia financiera en tu vida.

La Ley de Atracción es un concepto que se ha vuelto cada vez más popular, especialmente cuando se trata de lograr objetivos, incluida la riqueza financiera. La idea detrás de esto es que puedes manifestar lo que quieres en tu vida a través de pensamientos y emociones positivas.

Cuando se trata de abundancia financiera, la Ley de Atracción puede ser una herramienta poderosa. Pero,

¿cómo lo usas exactamente para lograr riqueza? Aquí hay algunos consejos:

Visualiza la Riqueza: Para manifestar la abundancia financiera, es importante que primero la visualices en tu mente. Imagina la sensación de tener suficiente dinero para hacer lo que quieras, de ser financieramente libre e independiente. Concéntrese en los pensamientos positivos y visualice estas cosas con claridad.

Practica la gratitud: La gratitud es una de las emociones más poderosas para atraer cosas buenas a nuestra vida. Cuando das gracias por lo que ya tienes, en lugar de concentrarte en lo que no tienes, creas energía positiva que puede atraer más abundancia.

Actúa como si ya tuvieras: Actúa como si ya tuvieras la riqueza que deseas. Esto puede significar tomar decisiones financieras sabiamente, evitar deudas y gastar dentro de un presupuesto. Al actuar como si ya fuera rico, crea una mentalidad de abundancia que puede ayudarlo a atraer aún más prosperidad.

Esté abierto a las oportunidades: Esté abierto a nuevas oportunidades que puedan surgir en su vida. Esto podría incluir inversiones, nuevas ideas de negocios u oportunidades profesionales que podrían generar mayores ingresos. Cuando mantienes una mente abierta, es más probable que notes las oportunidades que se presentan.

Cree que lo mereces: Finalmente, es importante que creas que mereces la abundancia financiera que deseas. A menudo, nuestras creencias limitantes pueden impedirnos alcanzar nuestras metas. Asegúrese de estar alineado con el hecho de que merece ser económicamente abundante y comience a actuar en consecuencia.

Usar la Ley de Atracción para manifestar la abundancia financiera en tu vida puede ser una herramienta poderosa. Al visualizar la riqueza, practicar la gratitud, actuar como si ya la tuviera, estar abierto a las oportunidades y creer que la merece, puede crear una mentalidad de abundancia que lo ayudará a alcanzar sus metas financieras.

Capítulo 4: ¿Qué es?

¿Qué es una Bolsa de Valores?

Una bolsa de valores es una institución financiera que facilita la negociación de valores como acciones, bonos, materias primas y otros activos financieros. Las bolsas de valores son una de las principales formas de inversión y recaudación de fondos para empresas y gobiernos.

La negociación en la bolsa de valores se realiza a través de las casas de bolsa, que representan a los inversionistas e intermedian transacciones para la compra y venta de activos financieros. Los precios de los activos están determinados por la oferta y la demanda en el mercado, lo que significa que las fluctuaciones en los precios reflejan las expectativas y el comportamiento de los inversores hacia estos activos.

Los inversores que compran acciones, por ejemplo, adquieren una parte de la empresa y pueden beneficiarse de la distribución de beneficios (dividendos) y de la apreciación de las acciones en el mercado. Los inversores que compran bonos, como los bonos del gobierno, prestan dinero al gobierno y reciben una tasa de interés a cambio.

Además de ser un mercado de inversión, la bolsa de valores también es una fuente de información y análisis financiero, ya que las empresas que cotizan en bolsa están obligadas a divulgar información relevante sobre sus negocios y finanzas. De esta manera, los inversores pueden tomar decisiones informadas sobre sus inversiones.

Las bolsas de valores están reguladas por las autoridades financieras, que establecen normas y reglamentos para proteger a los inversores y garantizar la transparencia del mercado. En Brasil, la Comisión de Bolsa y Valores (CVM) es la principal autoridad reguladora del mercado de capitales.

La bolsa de valores es un mercado de inversión donde los inversionistas pueden comprar y vender activos financieros, como acciones y bonos, a través de casas de bolsa. Es una fuente de información y análisis financiero y está regulada por las autoridades financieras para garantizar la transparencia y la protección de los inversores.

¿Qué son las Acciones?

Las acciones negociadas en las bolsas de valores son títulos de propiedad que representan una parte del capital social de una empresa. Cuando una empresa decide salir a bolsa y ofrecer acciones en la bolsa de valores, está buscando recaudar fondos para financiar sus proyectos y operaciones. A cambio, los inversores que compran estas acciones se convierten en socios de la empresa y pueden beneficiarse del reparto de beneficios y de la revalorización de las acciones en el mercado.

Las acciones negociadas en la bolsa de valores se clasifican en dos tipos principales: comunes (ON) y preferidas (PN). Las acciones ordinarias dan derecho a voto en las asambleas de accionistas y se recomiendan para los inversores que deseen participar activamente en las decisiones de la empresa. Las acciones preferidas, por su parte, no dan derecho a voto, pero tienen prioridad en la distribución de dividendos y en la percepción de cantidades en caso de venta de la empresa o distribución de utilidades.

La negociación de acciones en la bolsa de valores se lleva a cabo en sesiones de negociación, que se llevan a cabo de lunes a viernes en horarios específicos. Las acciones se negocian a través de corredores de bolsa, que representan a los inversores y median en las transacciones de compra y venta. Los precios de las acciones están determinados por la oferta y la demanda en el mercado, es decir, cuanto mayor sea la demanda de una determinada acción, mayor será su precio.

Las empresas que cotizan en la bolsa de valores están obligadas a divulgar información relevante sobre sus negocios y finanzas, como balances, estados de resultados y otra información relevante para los inversores. De esta manera, los inversionistas pueden tomar decisiones informadas sobre sus inversiones y evaluar el desempeño de la empresa a lo largo del tiempo.

Invertir en acciones negociadas en la bolsa de valores puede ofrecer oportunidades de ganancias significativas, pero también implica riesgo y volatilidad de precios. Por lo tanto, es importante buscar orientación de profesionales especializados y diversificar su cartera de inversiones para reducir los riesgos.

Las acciones negociadas en una bolsa de valores son títulos de propiedad que representan una parte del capital social de una empresa. Se clasifican en comunes y preferentes y se negocian en sesiones de negociación a través de casas de bolsa. Las empresas que cotizan en bolsa necesitan divulgar información relevante a los inversores e invertir en acciones implica riesgo y volatilidad de precios.

¿Qué son las materias primas?

Las materias primas negociadas en las bolsas de valores son productos básicos, que tienen un precio determinado por el mercado internacional y se negocian a gran escala. Las materias primas incluyen productos agrícolas como el café, la soja, el maíz y el azúcar, así como metales preciosos como el oro, la plata y el platino, y materias primas energéticas como el petróleo y el gas natural.

En la bolsa de valores, las materias primas se negocian a través de contratos de futuros, que son acuerdos de compra y venta con entrega futura. Los contratos de futuros están estandarizados y se negocian en una bolsa, lo que permite a los inversores comprar y vender productos básicos sin tener que preocuparse por las especificaciones del producto, como la calidad, la cantidad y la fecha de entrega.

Los contratos de futuros son utilizados tanto por productores como por consumidores, quienes buscan protección contra cambios en el precio de las materias primas. Los productores pueden usar contratos de futuros para fijar el precio de su producción y garantizar un rendimiento constante, mientras que los consumidores pueden usar contratos para asegurar un precio de compra fijo y evitar las fluctuaciones de los precios del mercado.

Los precios de los productos básicos que se negocian en las bolsas de valores están influenciados por varios factores, como las condiciones climáticas, la oferta y la demanda, las políticas gubernamentales y la inestabilidad geopolítica. Por lo tanto, los inversores que deseen invertir en productos básicos deben conocer las tendencias del mercado y los riesgos involucrados.

Invertir en materias primas que cotizan en bolsa puede ser una forma de diversificar su cartera de inversiones y obtener ganancias significativas. Sin embargo, es importante recordar que las materias primas son materias primas volátiles y que invertir en contratos de futuros implica riesgos significativos, como pérdida de capital y apalancamiento financiero.

Las materias primas cotizadas en bolsa son productos básicos, como productos agrícolas, metales preciosos y materias primas energéticas que se comercializan a gran escala. Se negocian a través de contratos de futuros, que son acuerdos de compra y venta con entrega futura, y están influenciados por varios factores, como la oferta y la demanda, las políticas gubernamentales y la inestabilidad geopolítica. La inversión en materias primas implica un riesgo significativo y es importante buscar el asesoramiento de profesionales especialistas.

¿Qué son los dividendos?

Los dividendos son una parte de las ganancias de una empresa que se distribuye a sus accionistas. Esta distribución se realiza en efectivo y es una forma de remunerar a los inversores titulares de acciones de la sociedad. Estos dividendos son una de las principales formas de retorno financiero para los accionistas de una empresa.

Los dividendos se pagan periódicamente, generalmente trimestral o anualmente, y el monto a distribuir es definido por el directorio de la empresa. El monto de los dividendos puede variar de acuerdo con el desempeño de la empresa, la disponibilidad de recursos financieros y la estrategia de inversión de la empresa.

Para recibir dividendos, debe ser accionista de la empresa en la fecha en que se declaran los dividendos. Esta fecha se conoce como fecha de declaración y es fijada por el directorio de la empresa. A partir de esa fecha, los accionistas propietarios de acciones de la sociedad tienen derecho a recibir una parte de las utilidades en forma de dividendos.

Los dividendos pueden ser una forma interesante de obtener ingresos pasivos de las inversiones en acciones. Sin embargo, es importante recordar que no todas las empresas pagan dividendos y que la distribución de utilidades puede variar con el tiempo. Además, es importante considerar otros factores al elegir acciones para invertir, como el desempeño de la empresa, la calidad de su gestión y su posición en el mercado.

Los dividendos de las acciones son una forma de remunerar a los inversores que tienen acciones en una empresa y pueden ser una fuente de ingresos pasivos para los accionistas. Es importante recordar que la distribución de dividendos puede variar según el desempeño de la empresa y que es necesario considerar varios factores al momento de elegir en qué acciones invertir.

¿Qué es una posición de capital?

La posición accionaria dentro de una empresa se refiere a la cantidad de acciones que un inversor posee en una empresa determinada. Esto significa que la posición accionaria representa la participación del inversionista en la empresa en términos de propiedad.

La posición de acciones se calcula en función del número total de acciones emitidas por la empresa y el número de acciones que posee el inversor. Por ejemplo, si una empresa emitió un total de 1 millón de acciones y el inversor posee 10.000 acciones, entonces su participación accionaria es del 1%.

La posición accionaria puede verse influenciada por la compra o venta de acciones en la bolsa de valores. Si un inversor compra más acciones de la empresa, su participación accionaria aumentará. Asimismo, si un inversor vende sus acciones, su participación accionaria disminuirá.

La propiedad es importante porque los inversores que poseen una gran participación en la empresa tienen más poder de decisión e influencia sobre el futuro de la empresa. Además, la posición accionaria también influye en la percepción de dividendos y otros beneficios ofrecidos a los accionistas.

Es importante recordar que la posición accionaria no es necesariamente una indicación del valor total de la inversión de un accionista en la empresa. El valor total de la inversión también puede verse influenciado por cambios en el precio de las acciones en el mercado, además de otros factores que afectan el desempeño de la empresa.

La posición accionaria representa la participación del inversionista en la empresa en términos de propiedad e influye en el poder de decisión y los beneficios ofrecidos a los accionistas. La posición accionaria puede verse influenciada por la compra o venta de acciones y es un indicador importante de la participación del inversionista en la empresa.

¿Qué es una cartera de acciones de pensiones?

Una cartera de acciones de pensión es una estrategia de inversión en acciones con el objetivo de obtener un rendimiento financiero en el tiempo, con el objetivo de la seguridad financiera en la jubilación. Este tipo de cartera está dirigida a inversores que desean generar capital a largo plazo y asegurar una fuente de ingresos para la jubilación.

La cartera de acciones de pensiones está compuesta por acciones de empresas que tienen un historial sólido de desempeño financiero, una buena posición en el mercado y una administración competente. Estas empresas a menudo se conocen como blue chips y se consideran las más seguras para las inversiones en acciones debido a su estabilidad y previsibilidad.

La cartera de acciones de pensión tiene como objetivo ofrecer un rendimiento financiero constante y a largo plazo, ya que las acciones se mantienen durante un período prolongado de tiempo. Esta estrategia busca minimizar los riesgos asociados a la volatilidad del mercado de valores y ofrecer mayor estabilidad a los inversionistas.

Además, la cartera de fondos de pensiones puede complementarse con inversiones en otras clases de activos, como valores de renta fija, fondos inmobiliarios y fondos de inversión en general. Esto le permite diversificar aún más las inversiones y reducir aún más los riesgos.

Es importante enfatizar que la cartera de acciones de pensión no es una estrategia para enriquecerse rápidamente. Más bien, es una estrategia de creación de riqueza a largo plazo con un horizonte de inversión de varios años. Los inversores que elijan esta estrategia deben estar dispuestos a mantener sus acciones durante un período prolongado y no verse afectados por las fluctuaciones temporales del mercado.

Una cartera de acciones de pensiones es una estrategia de inversión en acciones orientada a la seguridad financiera en la jubilación. Esta cartera está compuesta por acciones de empresas de alta calidad y puede complementarse con otro tipo de inversiones. Es importante recordar que esta estrategia requiere un horizonte de inversión a largo plazo y paciencia para soportar las fluctuaciones del mercado.

¿Qué es el comercio diario?

El day trading es una estrategia de negociación de acciones que consiste en comprar y vender activos el mismo día . Es decir, el objetivo del día. trader es beneficiarse de los cambios a corto plazo en los precios de las acciones, aprovechando las oportunidades del mercado en un solo día.

Para realizar el day trade, el inversionista necesita estar atento a los movimientos del mercado y buscar identificar los activos que tienen mayor potencial de apreciación o depreciación durante el día. Es común para el día. los comerciantes utilizan análisis técnicos y gráficos para ayudar en la toma de decisiones.

El propósito del comercio diario es obtener ganancias a corto plazo aprovechando la volatilidad del mercado. Por lo tanto, esta estrategia implica un alto grado de riesgo y requiere conocimiento y experiencia en el mercado de valores.

Los inversores que eligen operar en el día deben estar preparados para lidiar con la presión y el estrés del mercado de valores. Es común que las operaciones de day trade impliquen una alta frecuencia de negociación en un corto período de tiempo, lo que requiere rapidez y agilidad en la toma de decisiones.

Es importante tener en cuenta que el comercio diario no se recomienda para inversores principiantes o para aquellos que buscan inversiones a largo plazo. Además, el comercio diario implica costos e impuestos más altos que otras estrategias de inversión en acciones.

El day trading es una estrategia de negociación de acciones que consiste en comprar y vender activos el mismo día . Esta estrategia tiene como objetivo obtener ganancias a corto plazo, aprovechando la volatilidad del mercado. Sin embargo, el day trading implica un alto grado de riesgo y requiere conocimiento y experiencia en el mercado de valores.

¿Qué es un corredor de bolsa?

Un corredor de bolsa es una institución financiera autorizada por la Comisión Nacional del Mercado de Valores (CVM) para intermediar en la compra y venta de activos financieros, tales como acciones, títulos públicos, fondos de inversión, entre otros. Los corredores de bolsa también ofrecen servicios de asesoría financiera, que incluyen recomendaciones de inversión, análisis de mercado y seguimiento de las carteras de inversión de los clientes.

Para invertir en acciones, debe abrir una cuenta con un corredor de bolsa. A través de la casa de bolsa, los inversores pueden enviar órdenes de compra y venta de acciones directamente a la bolsa de valores, utilizando plataformas de negociación en línea.

Los corredores de bolsa cobran una comisión de intermediación, que varía según el volumen de operaciones que realice el inversionista. Además, las casas de bolsa también pueden cobrar tarifas de custodia y otras tarifas administrativas.

Al elegir una casa de bolsa, es importante evaluar algunos aspectos, como la calidad del servicio, la variedad de servicios ofrecidos, la facilidad de uso de la plataforma de negociación, las tarifas cobradas y la reputación de la institución en el mercado financiero.

Un corredor de bolsa es esencial para quienes desean invertir en acciones, ya que ofrece acceso al mercado de capitales y brinda apoyo y orientación a los inversores. Es importante elegir una casa de bolsa confiable que satisfaga las necesidades del inversionista, con el fin de garantizar una experiencia positiva y segura en el mercado financiero.

¿Qué es la Comisión de Bolsa y Valores?

La Comissão de Valores Mobiliários (CVM) es una agencia federal brasileña responsable de regular y supervisar el mercado de valores, incluidas acciones, obligaciones, bonos del gobierno, fondos de inversión y otros instrumentos financieros.

Los principales objetivos de la CVM son proteger a los inversionistas, promover el desarrollo del mercado de capitales y asegurar la transparencia y eficiencia del mercado de valores. Para ello, la CVM actúa en varias áreas, como regular las actividades de los corredores de bolsa, autorizar la apertura de sociedades anónimas abiertas, monitorear la información divulgada por las empresas e investigar prácticas irregulares en el mercado.

Además, la CVM también tiene el papel de educar a los inversionistas, a través de campañas de concientización y programas de capacitación, con el objetivo de mejorar el conocimiento y la cultura financiera de la población en relación con el mercado de valores.

Para cumplir con su misión, la CVM tiene una serie de atribuciones y facultades, como la posibilidad de imponer multas, suspender actividades de empresas irregulares e incluso decretar la liquidación de empresas en situación de crisis.

La Comissão de Valores Mobiliários es una agencia federal responsable de regular y fiscalizar el mercado de valores en Brasil, con el objetivo de proteger a los inversores, promover el desarrollo del mercado de capitales y garantizar la transparencia y eficiencia del mercado. La actuación de la CVM es fundamental para mantener un mercado de valores justo y transparente, que contribuya al desarrollo económico del país.

¿Qué son los Fondos de Inversión?

Los fondos de inversión son una forma de inversión colectiva en la que varios inversionistas depositan dinero en un fondo administrado por un profesional especializado, quien invierte este dinero en diversos activos financieros, como acciones, bonos gubernamentales, fondos inmobiliarios, entre otros.

Esta diversificación proporciona a los inversores una reducción del riesgo de pérdida, ya que el dinero se reparte entre muchos activos diferentes. Además, los fondos de inversión cuentan con una gestión profesional, lo que significa que un gestor especializado elige los mejores activos y toma decisiones de compra y venta en base a su experiencia y análisis de mercado.

Los fondos mutuos también ofrecen varias opciones de inversión, con diferentes niveles de riesgo y rendimiento. Los inversores pueden elegir entre fondos de renta fija, fondos multimercado, fondos de renta variable, entre otros, según sus objetivos financieros y perfil de inversión.

Otra de las ventajas de los fondos de inversión es la facilidad de invertir y retirar el dinero invertido. Generalmente, el inversor puede invertir en un fondo con valores asequibles y puede redimir su dinero en cualquier momento, con liquidez diaria o en un plazo predeterminado.

No obstante, es importante recordar que los fondos de inversión cobran una comisión de gestión, que es un porcentaje del patrimonio total del fondo, destinada a cubrir los costes de gestión y administración. Estas tarifas pueden reducir el rendimiento de la inversión, por lo que es importante elegir un fondo con tarifas razonables que ofrezca una buena relación calidad-precio.

Los fondos mutuos son una opción asequible y diversificada para quienes buscan invertir en diferentes activos financieros y reducir el riesgo de pérdida. Sin embargo, es importante elegir un fondo que cumpla con los objetivos y el perfil de inversión del inversionista y que tenga tarifas razonables y una administración profesional competente.

¿Qué es el análisis fundamental de una acción?

El análisis fundamental es una de las principales herramientas que utilizan los inversores en bolsa para evaluar el potencial de apreciación de una acción. Este análisis toma en cuenta varios factores relacionados con la empresa emisora de las acciones, tales como su desempeño financiero, perspectivas de crecimiento, posicionamiento en el mercado, entre otros.

Al realizar un análisis fundamental, el inversionista busca comprender la salud financiera de la empresa y si esta es capaz de mantener e incrementar sus ganancias en el futuro. Entre las principales informaciones evaluadas se encuentran el balance, la cuenta de resultados y el flujo de caja de la empresa. Esta información ayuda a entender si la empresa está generando utilidades, si tiene deudas excesivas o si está gastando más de lo que recauda.

Además, el análisis fundamental también considera aspectos más cualitativos de la empresa, como su estrategia comercial, posicionamiento en el mercado, competencia, innovaciones y perspectivas de crecimiento. Esta información ayuda a evaluar el potencial de apreciación a largo plazo de la empresa.

Otro factor importante en el análisis fundamental es el estudio del sector en el que opera la empresa. El inversor necesita comprender las características del sector, la competencia, las tendencias y las oportunidades de crecimiento para evaluar si la empresa es capaz de destacarse en el mercado.

El análisis fundamental es una herramienta importante para evaluar las perspectivas de apreciación de una acción. Mediante el análisis de información financiera, cualitativa y sectorial, el inversor puede comprender la salud financiera y el potencial de crecimiento de la empresa emisora de las acciones. Es importante señalar que el análisis fundamental debe realizarse con cautela y con base en información confiable, para evitar decisiones de inversión equivocadas.

que es valor ¿ Invirtiendo ?

Valor La inversión es una estrategia de inversión que busca identificar acciones infravaloradas en el mercado. Este enfoque tiene en cuenta el valor intrínseco de la empresa, es decir, el valor real de los activos, ingresos y beneficios, en relación con el precio de mercado.

El propósito del valor invertir es encontrar empresas que tengan un buen potencial de revalorización a largo plazo, pero que se estén negociando a precios por debajo de su valor real. Esta estrategia se basa en la creencia de que el mercado no siempre es eficiente y puede ofrecer oportunidades para comprar acciones a precios bajos, debido a factores como la incertidumbre económica, el pesimismo del mercado o el mal desempeño financiero temporal de la empresa.

valore a los inversores La inversión utiliza varias métricas, como el múltiplo de precio/ganancias, que compara el precio de las acciones con las ganancias por acción de la empresa, o el valor contable, que compara el valor de los activos de la empresa con el precio de las acciones.

La importancia del valor invertir en la formación de una cartera de inversión es ofrecer un enfoque estratégico para elegir las empresas en las que invertir. Al elegir acciones en función de su valor intrínseco en lugar de seguir las tendencias del mercado o las recomendaciones de los analistas, los inversores pueden reducir el riesgo de invertir en empresas sobrevaluadas y aumentar sus posibilidades de obtener buenos rendimientos a largo plazo.

Sin embargo, es importante señalar que el valor invertir no es una estrategia infalible y que la valoración de empresas infravaloradas requiere análisis detallados y actualizaciones constantes. Además, debe adoptar un enfoque disciplinado, resistiendo la tentación de invertir en empresas populares o de alto riesgo que pueden ofrecer rendimientos a corto plazo pero que podrían ser perjudiciales para su cartera de inversiones a largo plazo.

¿Cómo iniciar una cartera de acciones?

Comprar acciones en la bolsa de valores puede parecer intimidante para los inversionistas novatos, pero en realidad es un proceso relativamente simple y accesible. Para comprar acciones en la bolsa de valores, debe seguir estos pasos:

1. Abra una cuenta en un corredor de bolsa: para negociar acciones en la bolsa de valores, debe tener una cuenta en un corredor de bolsa. Estas empresas se encargan de mediar en las negociaciones entre los inversores y la bolsa de valores.

2. Deposite dinero en su cuenta: para comprar acciones, necesita tener dinero disponible en su cuenta de corretaje. Puede depositar dinero mediante transferencia bancaria, comprobante bancario o tarjeta de crédito.

3. Elige las acciones que quieres comprar: antes de invertir en acciones, es importante hacer un análisis de las empresas en las que quieres invertir. Consulta tus resultados financieros, tu posición en el mercado y tus planes de crecimiento.

4. Realice una orden de compra: después de elegir las acciones que desea comprar, debe realizar una orden de compra a través del corredor de origen, que es la plataforma de negociación del corredor. En la orden de compra debe definir el número de acciones que desea comprar y el precio máximo que está dispuesto a pagar por cada acción.

5. Esperar confirmación de compra: luego de enviar la orden de compra, deberás esperar la confirmación por parte del corredor. Si se acepta la orden, las acciones se comprarán y se acreditarán en su cuenta.

Es importante recalcar que invertir en acciones implica riesgos y que es necesario tener una estrategia bien definida antes de invertir. Es recomendable buscar la orientación de profesionales especializados y estudiar el mercado financiero antes de tomar cualquier decisión de inversión.

Además, es importante tener en cuenta que las acciones son inversiones a largo plazo y que se necesita paciencia y disciplina para obtener buenos resultados.

Comprar acciones en bolsa puede ser una forma de diversificar su cartera de inversiones y obtener buenos rendimientos financieros, siempre que se haga con cautela y planificación.

¿Gastar o reinvertir dividendos?

Invertir en acciones puede ser una excelente manera de aumentar su riqueza y alcanzar sus objetivos financieros a largo plazo. Una de las estrategias más efectivas para hacer crecer su cartera de acciones es reinvertir los dividendos que recibe.

Los dividendos son la parte de las utilidades que las empresas distribuyen a sus accionistas. En lugar de gastar esos dividendos, puede reinvertirlos comprando más acciones de la empresa. De esta manera, puede aumentar su capital en acciones sin gastar más dinero de su bolsillo.

Al reinvertir sus dividendos, puede beneficiarse del poder del interés compuesto. Esto significa que, con el tiempo, sus inversiones iniciales pueden crecer exponencialmente a medida que gana dinero con su dinero.

Sin embargo, es importante recordar que invertir en acciones implica riesgo y no hay garantía de que el rendimiento pasado de una empresa continúe en el futuro. Por lo tanto, es importante hacer su propia investigación y análisis antes de invertir en cualquier empresa.

Además, es importante contar con una cartera de acciones diversificada para minimizar los riesgos. Al diversificar su cartera, reduce la exposición a una sola empresa o industria y aumenta sus posibilidades de éxito a largo plazo.

La reinversión de los dividendos obtenidos es una estrategia eficaz para hacer crecer su cartera de acciones y lograr sus objetivos financieros a largo plazo. Combinado con una cartera diversificada y un análisis cuidadoso de las empresas en las que está invirtiendo, puede aumentar su capital en acciones con el tiempo.

Conclusión

Al completar este libro sobre finanzas personales para jóvenes graduados universitarios, espero que haya adquirido nuevos conocimientos y habilidades que lo ayudarán a administrar mejor su dinero y alcanzar sus metas financieras. Es importante recordar que la planificación financiera no es algo que deba dejarse para más adelante, ya que cuanto antes empieces a cuidar tu dinero, más fácil será lograr la independencia financiera que tanto has soñado.

A lo largo de este libro, exploramos una variedad de temas relacionados con las finanzas personales, desde la importancia de crear un presupuesto y controlar sus gastos, hasta estrategias de inversión y planificación para la jubilación. También discutimos el impacto de la deuda, la importancia de establecer objetivos financieros claros y cómo buscar oportunidades para aumentar sus ingresos.

Sin embargo, es importante recalcar que la educación financiera no se detiene aquí. Es fundamental que continúe aprendiendo y actualizándose sobre las mejores prácticas de gestión financiera, así como sobre los cambios en el mercado financiero y la economía.

En última instancia, espero que este libro haya sido una herramienta valiosa para ayudarlo a lograr la independencia financiera y alcanzar sus metas. Recuerda que el camino puede ser desafiante, pero con perseverancia, disciplina y una buena dosis de conocimiento, puedes construir un futuro financiero próspero y seguro.

Glosario

Activos: activos o propiedades que tienen valor monetario, como bienes inmuebles, acciones, bonos, cuentas bancarias e inversiones.

Balance General - Un estado financiero que muestra los activos, pasivos y valor neto de una persona.

Deuda - Dinero que una persona le debe a otras personas o instituciones financieras.

Flujo de caja: la cantidad de dinero que entra y sale de la cuenta bancaria de una persona.

Inversión: la compra de un activo que se espera que genere un rendimiento financiero en el futuro, como acciones, bonos o bienes raíces.

Interés: el costo de pedir dinero prestado, generalmente expresado como un porcentaje de la cantidad prestada.

Presupuesto: un plan de gastos que establece cuánto dinero puede gastar una persona en diferentes categorías, como alimentos, transporte y entretenimiento.

Equidad: el valor total de los activos menos el valor total de las deudas de una persona.

Ahorros: el dinero que una persona aparta para cumplir metas financieras a largo plazo, como la jubilación o la compra de una casa.

Riesgo: la posibilidad de perder dinero en una inversión debido a las fluctuaciones del mercado u otros factores.

Tesorería directa - Inversión en valores públicos ofrecidos por el gobierno brasileño.

Volatilidad: la medida de cuánto fluctúa el valor de un activo financiero a lo largo del tiempo.

www.ingramcontent.com/pod-product-compliance
Lightning Source LLC
Chambersburg PA
CBHW031621210526
45464CB00004B/1694